PoeBook
6

# Voglio sentirmi dire tu sei mia

Elisabetta Randazzo

**Voglio sentirmi dire tu sei mia**
Elisabetta Randazzo
© 2007 Scrivere.info
*Tutti i diritti di riproduzione, con qualsiasi mezzo, sono riservati.*
In copertina: "Breakfast in America 7" © 2003 Albatross
Terza edizione PoeBook Aprile 2011
www.scrivere.info - www.poebook.it
ISBN 978-1-4476-4446-0

# I pensieri dell'anima

## Fino a dove si perde lo sguardo

Vorrei che tu
Guardassi attraverso
I miei occhi
Tutto quello che c'è scritto
Saranno una buona guida
Pensieri e parole
Ciechi e silenziosi
Contorni d'immagini
Ad ogni sua fantasia
Tra parole accese d'amore
A te ho donato il cuore
Fra gioie racchiuse
In un grido muto
Fra un lungo sospiro
Invoca il tuo nome
Varcando la mia anima
Fino dove si perde lo sguardo


## Tra la notte e l'alba

Sei dentro al mio cuscino
Dove accarezzi le mie guance
Fra una passione che mi possiede
Fra la mia anima schiava di te
Da un minimo richiamo
Tra la notte e l'alba
Tu passeggi cantando sul mio
cuore
Sei una dolce nota
Dei miei pensieri
Che accompagna le mie notti
Che mi sfiora
Fra stanchi sospiri
Agitando la mia anima

Dove il silenzio affiora nella mia
stanza
"Ahimè" sospiro
Detesto il mio sonno
Che si muta in sogno
Che sorgerà l'alba senza
di Te


## Anima incosciente

Questo dolce canto
che sfiora il mio cuore
fra la mia anima
che sussulta
fra un'estrema lentezza
incosciente e spensierata
assaporando quelle piccole
sensazioni di un desiderio
crescente
fra sorrisi i maliziosi
sospiri affannosi
nuovi sussulti
fra una calda intimità
fra lunghi viali dell'amore
dove sorge il sole
fra i profumi di fiori
fra la brezza che spazza
via le nubi


## Una nuova aurora

Dolce imbarazzo
che si concede
il lusso di volerti,

l'esigenza di sfiorare
le tue labbra
assaporare la tue parole
gustando il contenuto
di ogni singola lettera
profanando la tua anima
dandogli una dolcezza
imprevista
cercando i bagliori
di un tramonto nei tuoi occhi
fissandoli senza batter ciglio
perché voglio che non finisca
la nostra sublime gioia
dove nascerà
il primo respiro
di una nuova aurora


## L'anima mia

Immaginarti
nella mia mente
dove incontro
il tuo sorriso
che risveglia il mio sopire
dove giungono echi
della tua sublime voce
ed io sorridendo nel buio
donandomi luminosità
fra un sapore di fresco
di un qualcosa di più
della mia immaginazione
fra occhi socchiusi
dove suscita
calore
all'anima mia

## Non pensando al domani

Smarrita sui lunghi viali dell'amore
fra un cuore trascinato da un vortice

Abbasso gli occhi in silenzio
e penso "Che speranza c'è d'essere uniti?"

E' troppo tardi per farmi domande
il suo profumo si è diffuso in ogni parte

Quel gioco non volevo che finisse
donandomi un angolo di cielo

Di tentazioni audaci
sconvolgendo ogni cosa dentro di me

Fra le sue braccia esitanti
del suo sguardo appassionato

Dove scivola dolcemente
fra la forma tremante del mio corpo
donandomi piacere che sale rapido in paradiso

Non pensando al domani che viene
trattengo le mie lacrime


## E tu sei l'acqua

Io sono il deserto
e tu sei l'acqua

Che purifichi l'anima mia
con la brocca delle tue labbra

Avvolta dalla tua essenza

d'infusi concentrati

Da sospiri adagiati
l'uno contro l'altro
sino a sfiorarci i visi

Lasciando l'ultimo gemito
alle acque dell'amore


## Il valore dell'amore

La fredda nebbia
contro le finestre,
candele riflesse sul soffitto

Ed io penso al valore dell'amore
Provando ad afferrare il suo significato

L'amore è cieco nelle sue scelte
e troppo antico per perderlo

Si muove velocemente
percorrendo una lunga strada

Vagando libero senza difese
portandoti via la mente

Coraggioso combatte
e nella solitudine cresce

Senza nascondersi
condivide il dolore delle scelte

Piuttosto che morire
senza amore

## Petali di sogni

Petali di rose rosse
vellutate.
Ho solo questo ricordo
conservate in un cassetto.
Non emanano più profumo
Solo ricordo di tempi passati
si risveglia nella mia mente.
Se socchiudo gli occhi
rivivo quel giorno
sento ancora il loro profumo.
I loro colori vellutati.
Adesso è solo una natura
morta in un cassetto assieme
Ha miei ricordi senza colori
Senza profumi!!!


## Anch'io ho amato

Sguardi, ricordi
che nutrono emozioni

Ed è tutto dipinto
nella mia mente

Impadronendosi del cuore
colmato di profumi e di sospiri

Desiderando ancora "Lui"

E s'accende di nuovo la fiamma
fra la mia mente che guida la mia vista

Ove la visione
si fa sempre più complice

Di due corpi sommersi
trasformandosi in una sola persona

Di un'immagine che sempre viva
da impronte indelebili

Ad ogni volta
che ritorna questo ricordo

Potrò dire
"anch'io ho amato"


## La mia anima

Il linguaggio dell'anima
Danza su se stessa
Fra profumi e fiori
Le farfalle e i colori
Sale dolce nel pensiero
Onde di gioia
Riflessa al sole


## I tuoi pensieri

Silenziosamente mi avvicino a te
Ascolto il tuo respiro
Leggo i tuoi pensieri
Leggo molta sofferenza
Racchiusi in una parte del tuo cuore
Li custodisci gelosamente
Forse per paura di sentirti scoperto
Scacciali via!
Non tenere il marcio dentro

Ti fai solo del male
Il passato ti ha fatto molto male
Cancellalo via!
Adesso c'è il presente
Coloralo con colori vivaci
Dai luce al tuo cuore
Sorridi che la vita è bella
Ricordati che c'è sempre
Una stella
Basta alzare lo sguardo in cielo
Lei ti sorriderà


## Il tuo cuore

l'anima mia
Si chiede come tu
possa esser cieco

Com'è la mia solitudine
per la tua assenza

l'anima mia
Si chiede come tu
possa esser sordo
lo scorrer d'acqua

E' la mia trasparenza di amarti

l'anima mia
Si chiede se il tuo
cuore è consapevole di amare

## Il mio pensiero

Il mio pensiero vola
A velocità infinita
Per raggiungere ciò che è mio!
Invece sono ancora qui
Aspettando che cali il sole
Il freddo arriva al cuore.
Ti cerco nei miei pensieri!
Uomo venuto da lontano
Portami il mio primo vento
Con la sua vampa di fuoco
Filtra diretto al mio cuore
Dandogli calore!

## Sono ancora qui

Abbracciami con la mente se mi pensi.
Ascolto il buio
Cerco di entrare nei tuoi pensieri
La mia notturna anima
Ti cerca!!
Non trovo più il sonno
E' diventato il mio peggior nemico
Questo caldo mi blocca il respiro
Nel cuore bruno della notte
Tutto dorme
Tutto tace
Aspettando l'aurora
Sospinta nei miei pensieri
Sono ancora qui

## Contemplando il mare

Sola sulla spiaggia
Il silenzio mi è amico
Rimango zitta
Ascoltando il canto del mare
Il vento soffia tiepido
Lui non c'è
Sento le sue carezze
Ascolto l'eco della sua voce
Oscuro i miei occhi
Immaginando la sua ombra
La brezza del mare avvolge
Il mio corpo
Dando sapore di salsedine
Sulle mie labbra
Le tenere luci delle stelle
Si specchiano sul mare
E' lui non c'è
Attendo!!
Dandomi luce e speranza
Con la quiete brezza
Contemplando l'onda
del mare


## Un sole che gioisce

l'ho scritto molte volte
Con la dolcezza del mio cuore
Fra gli occhi velati
Pieni d'amore
Fra l'angoscia nemica
Scrivo guardando invano
Tra le note di una canzone
Trasportandomi su un ruscello
D'acqua limpida

Rispecchiando un amore
puro
Un amore assai forte
Senza sentieri oscuri
Senza una veste d'illusioni
Fra un sole che gioisce


# Verso l'universo

Volare col vento
Verso l'universo
Tra spazi infiniti
Senza limiti
Di profumi irreali
Un abbraccio infinito
con il sole
Passeggiando sulle nuvole
Stare nei margini sospesa
Tra le braccia del vento
Che mi sfiori il viso
Che mi sorridi con gioia
In una gioia che non ha confine
Dolce limpida e pulita
Avvolgersi di silenzi
Ascoltando una sola voce
l'eco del vento
Tra i desideri
Di un sogno
Di chi mi guida
Attraversando il velo
Dell'anima

## Sospiro per te

Sospiro per te
Ogni cosa prende senso
se sono con te
Ti dono la mia vita
Che io possa condurla
insieme alla tua
Percorrendo l'immensità
dei nostri cuori
Che si spande in un amore
puro
Con un sole che s'illumina
Dinanzi hai nostri occhi
Disteso in un cielo azzurro
Portandoti una poesia
Tenera e nuova
Citandola fra parole
fiorite
Con un alito di vento


## Tra la sabbia dorata

La luna se ne andrà
E presto nascerà
La luce del giorno
Tra la sabbia tiepida
Tra un abbraccio
Di un mare limpido
Avvolgendomi fra le sue onde
Dimenticando pensieri nebbiosi
Mentre tutto tace
Penso le tue mani
Che mi accarezzano
Come uno scultore
Modellando il mio corpo

Senza sosta
Socchiudo le mie ciglia
Ascoltando ogni battito
del mio cuore
"Sei così inafferrabile"
Mutato fra le onde del mare
Tra la sabbia dorata


## Accarezzata da gocce di rugiada

l'amore è un contatto
Eccezionale e profondo
Una dolcezza infinita
Fra l'intensità di parole
Dando un dono alla scrittura
"La poesia"!!
Fra le note del cuore
Fra fiabe invisibili
Dove fa sognare
Fra la purezza d'acqua limpida
Fra la parte spirituale dell'anima
Dandogli raggi di luce
Accarezzata da gocce di rugiada


## Perché ho bisogno di te

"Rimani qui"!
Anche per un minuto
Conosco un posto sul mio
cuore
Sulle ali dell'amore
Sopra alle alte cime del
monte
Correndo dietro al vento

Prendendoti per mano
e volare... volare
Senza paura di precipitare
Un volo senza fine
Dove si possa amare
Senza vesti
Fra rose e paradiso
Perché ho bisogno d'amare
Ti stringo le mani
Perché ho bisogno di te


# I colori più belli

Quante volte mi raccomando
alla luna che illumini
la tua anima
questa nostalgia di te
quando non ci sei
e di amarti non smetto
di queste lunghe attese
Come vorrei darti i sogni miei
e forse piangerai
di tutto ciò che vedrai
poesie scritte al vento
che giungessero a te
fra frasi d'amore mai dette
nascoste in un angolo
della mia anima
torrenti d'angosce
fra giochi di specchi
sporchi
che riflettono le mie
lacrime
un filo d'aquilone spezzato
che non vola più
nell'illusione

in un altro angolo di sogno
una gabbia di fili d'oro
dove ci sono tutti ritagli
dei nostri momenti belli
avvolti fra le note
di un'arpa
e se alzi gli occhi
mille petali di rose
volano nell'aria
giocando con le stelle
illuminando tutti i colori
più belli


## Senza far rumore

Frasi dette piano
Parlando di noi
Trattenendo il respiro
Senza far rumore
Con piccoli battiti del cuore
Fra attimi felici
Di averlo ancora qui
Fra lievi carezze delle sue mani
Contemplando i contorni
delle sue labbra
Socchiudo le ciglia
Ascoltando la sua voce
Che fa tanto bene al mio animo
Coprendo la mia anima di colori
Adagiata in un prato fiorito
Bagnata con cristalli di rugiada

## Stai qui con me

Sei l'incanto segreto
cullato dal mio cuore
"stai qui con me"!
mi dono a te
lasciati andare
in gioie senza fine
ti farò entrare
nella mia anima
attraverso i miei occhi
fai scivolare le tue mani
sulla mia pelle
lasciaci le tue impronte
su di me
che io li possa accarezzare
nella mia solitudine
nella tua assenza


## Attimi

Incantami,
travolgimi
fammi toccare attimi
indescrivibili
con la forza delle
tue parole
portami nel tuo cuore
rubami i ricordi
incustoditi fra ferite
che non si vedono
fra ricami di ghiaccio
aggrappati alla mia anima,
falli scivolare
come gocce d'acqua
e se piove dammi il sole

dammi un cammino
più tranquillo
qualcosa di importante
così piacevole in cui
credere


## Rossi sorrisi

Come petali di rosa
fra un fascino soave
con rossi sorrisi
di luce e miele
fra le nostre mani
congiunte
fra un frenetico
battito di cuore
attraversando mille
volte con il pensiero
ad ogni sua fantasia
stuzzicando i sensi
clementi come il sole
verso un mare
aperto
ad ogni emozione
sfiorando l'onda
della passione


## Ladra d'amore

Colorami l'anima
col tuo amore
dammi calore
e sicurezza
non lasciarmi sospesa

come un aquilone
che aspetta
d'essere guidato
nell'aria
tienimi la mano
nel mio silenzio
che avanza
fammi sentire che ci sei
apri il tuo cuore
entrerò in punta
di piedi
come una ladra
per rubarti un po'
d'amore


# Il blu

Hai acceso il blu
che ho sempre cercato
e sognato
sei apparso all'improvviso
con un chiarore
infinito
pieno di sole
illuminando i miei giorni
bui
dove tutto srotolava
in mezzo a un abisso
dove il sole
non scaldava più
fra un sonno senza sogni
rinunciando a credere all'amore
fra un cuore solitario
senza emozioni
dentro un silenzio
fra immagini

ombrosi
che tracciavano
il mio cammino
ed io come una rondine
intenta a volare


## Guarda i miei occhi

Solleva le palpebre
Guarda i miei occhi
Affronta la mia anima
non temerla
Non girare attorno al mio destino
tra le ombre notturne
Non avvicinarti per dissetarti
sull'acqua che scorre
Del mio desiderio
d'averti
Dove la mia carne brama
dei suoi deliri
Da un piacere che vaneggia
sul mio corpo
E fra le braccia di un futuro
che mai verrà


## Ti ho cercato

Fra uno sciame di sogni
fra oscure caverne
ed io con una lanterna

A piedi nudi
fra frusci di serpi

Ti cercavo fra le nebbie
acre come fumo

Setacciando frammenti di luce
da lunghi lampi

Sballottata del vento
fino all'altezza del cielo

E sento la freddezza
della tua lontananza

Fra i miei sogni che si lamentano
della loro prigionia


## Vorrei

Vorrei che tu chiudessi gli occhi
e attraversassi le nuvole
trovando il covo dei miei sogni

Per cogliere la mia anima
donandole la tenerezza di un sorriso
affidando i suoi pensieri all'amore puro

Trasportandola in un deserto
con un lieve alito di vento caldo
avvolgendola con piccoli granelli di sabbia

Che racchiuderanno in se tutte le mie paure
mosaici di ricordi di ieri
con melodie cupe e malinconiche

## L'amore

l'amore
il segreto nascosto in un bosco
lo cerco tra i mille sentieri
nel verde labirinto della mente

Richiami urlanti e mute parole
costretti a capirsi
pur senza parlare

Che ansia nel cercarti
che gioia nel vederti
dove nascondi tutti i tuoi colori

Mi dai tormento ed estasi
e mi colpisci senza farmi male
mi dai dolci emozioni...
sulle quali volare


## Dimmi...

Per alleviare i miei affanni...
nel cercarti...

Dimmi come posso fare...
per arrivare al tuo cuore
per accarezzare la tua anima

E la mia anima solitaria e vagabonda
amica illusoria del mio cammino
tende la mano alla tua

Avida sospira, attende che l'accogli
cercando di scoprire il profumo dell'amore
di carezze mai date

## Tu non cercarmi

Quando non mi vedrai più
tu non cercarmi...
con passi leggeri mi allontanerò

Scriverò una poesia per te
quelle parole sono nella mente
compagna silente del mio percorso

Tolgo i veli alla mia anima
perché chi mi è crudele
vi scivoli senza trovare appigli

Il tuo ricordo mi vestirà le notti
e mi allontano vivendo il mio rimpianto

Da una fonte nascosta
ove riposa assopita
la mia anima


## Timidi sguardi

Anime che si cercano
continuamente senza una ragione
inconsapevolmente...
durante il tuo cammino
volti incontrati e già dimenticati
in questa corsa pazza del destino
fino a sentire dentro un'emozione
e gli occhi tuoi si posano nei suoi
timidi sguardi teneri sorrisi
gli occhi si sfuggono...
per poi cercarsi ancora
dolce la seduzione del momento
gli occhi si abbassano

e senti sulle guance...
il tiepido calore del rossore
e come ragazzini divertiti
scopriamo un gioco ormai dimenticato
senza più pudore... ci ritroviamo
tuffati ancora nell'immenso mare
raccogli quello sguardo
e non lasciarlo andare
seduci la sua anima
e poi lasciati amare


## Svuotando l'anima... in silenzio

Assordante la voce dell'anima
ti chiama...

Con le gambe tremanti,
ha preso la parola

Strappandomi nella profondità...
del cuore
ciò che vi era custodito.

Leggera scriveva,
come sussurro...
senza sosta, senza tregua

Fra gioie e paure
ho ritrovato battiti nuovi
del mio cuore

Scacciando il mio nemico

Il silenzio.

## Ti prenderò per mano

Ho visto chiarissimo
nello sciame dei miei sogni
ove tutto conduce all'amore

Ti prenderò per mano
ti nutrirò l'anima…
di carezze d'estasi

Avvolgendoti…
con le mie ali
come il sole abbraccia…
la terra

Assaporando il piacere
del tuo corpo…
per aspirare il tuo profumo
e mi ci perdo dentro


## Possiamo volare se lo vuoi

Possiamo volare se lo vuoi,
fra le nuvole che sussurrano l'ebbrezza,
sfiorandoci il viso,
dove l'aria è piena di magia

Per vedere attraverso l'alba
se ciò che ci circonda
potesse trasformarsi…
in qualcosa di giusto

Cancellando le ferite interiori,
trasformandole in speranze
permettendoci d'amare…
in qualunque momento

## L'addio

Su una strada odorosa
ricoperta di muschi
prima del freddo inverno,
vedendomi mi porgesti la mano

Ti dissi sereno natale,
mentre le tue lacrime
bagnavano la mia anima

Ripresi poi il sentiero
del bosco…
eri già lontano
quando mi voltai
per seguirti nel tuo cammino

Percorrevi la strada opposta
a quella della mia vita


## Io sola nell'universo

In punta di piedi…
rimango sospesa

Per sfiorare i raggi di luce…
Lunare

Godendo nell'ammirare ,
soavi ricordi d'oriente
con opaca luce soffusa

Si spande tutto attorno
rendendolo unico fatato
stracolmo di dolcezza

Lunghe carezze...
accendono il desiderio
prolungandolo all'infinito

Profumo l'aria che respiro
accompagnano il mio sogno
la lentezza dei miei gesti...

Adagiate su seta
col cuore che freme...
sul cielo tatuato di stelle


# Come nuvole compatte

Ti stai allontanando
a passi leggeri
senza voltarti indietro

Tutte le parole
che ho saputo dedicarti
non ti hanno destato

Dal torpore del tuo sonno
rinascendo
con il sole del mio amore

Ma i tuoi passi ormai lontani
scompaiono
in quella nebbia d'indifferenza

Adesso sciolgo quei nodi
che io stessa ho voluto
per legarti a me

E tutto intorno a me
è rimasta terra arsa

senza magnolie fiorite

Come nuvole compatte
senza un raggio di sole
che baciano il mio giardino
senza germogli


## La tua presenza

Mentre fantastico
una foschia lontana

Una visione esaltante
mi segue.

Rapida e silenziosa
avanza.

Mi turba
si posa nella mente

Opprime il mio respiro
blocca la parola

Senza soffermarsi
regna sul mio cuore


## Come foglie morte

Un temporale
con tuoni e fulmini
rovina la mia pace

Ripararsi non serve

il freddo penetra
e niente mi fa sperare

l'azzurro cielo
da parole d'amore
che avevo detto

Scaraventate adesso
come foglie morte
in questa pozza

Non aiutano neanche
quei ricordi
di parole non dette

Nulla ho per ripararmi
niente ho avuto
niente più sono disposta a dare.


## Alla cima del tuo cuore

Dolce mia tortura
passo le notti insonni
distesa
pensarti a me lontano

Ove penso che c'è qualcosa
di più grande
sacrificando la mia mente
in un viaggio lontano

Senza fuga
scansando ostacoli
dove la mia arma
sarà il mio amore

Scontrarmi in rampicanti
di spine...
leccandomi le ferite
come pegno

Per proseguire il mio viaggio
arrivando alla cima
del tuo cuore

## Labirinto chiamato amore

Prima di conoscerti...
pensavo di non poter più amare

Leccandomi le ferite...
del passato

Ove uccidevo l'angoscia
con i sogni

Desiderando di ritornare
nella mia giovinezza

Per cambiare il mio presente
mutando il mio percorso

Oggi divenuta donna...
riscopro il gusto di amare

Il mio cuore lenisce
quelle rughe del passato

Ombreggiati di spettri
che non mi davano pace

Adesso il cielo è terso

le nuvole s'abbracciano

Non ho più la tristezza nell'anima
perché c'è la tua presenza fitta...
nel mio cuore

Ed io mi sono immersa
in un labirinto chiamato
amore

# Il vento natalizio

Mi piace udire il vento
per capire in questo istante
quanto mi manchi

Quest'aria natalizia...
soffoca la mia anima
lenta senza grida

Nel mio vagare tra la folla
vedo un anima abbandonata
con i suoi propri affanni

Un vecchio che trema...
su una panchina
mormora un amore silenzioso

Mettendo imbarazzo...
i miei pensieri
che s'incontrano con i suoi

Nel mio soffrire...
un amore non vicino
il suo un amore che non c'è

## Tu… il sole che mi penetra

Mi piace viverti nei miei sogni
sei il mio giorno di primavera

Il mio giardino in fiore
l'ape del mio nettare

Sei il sole che lentamente
penetri nel rifugio inquieto

Come una brezza estiva
accarezzi la mia pelle di pesca

E al cader delle foglie
vivrai nel tepore del mio amore

Nel ricoprir di candida neve
della natura che si addormenta

Il richiamo dei miei sensi
sarà lo sguardo del mio domani


## Sacri profumi

Mi sento imprigionata
dalla grandezza del mio amore

Ove sussurri come acque senza fine
scorrono nella mia mente

I tuoi sospiri che turbavano…
la mia anima

Il sangue che scorreva sotto pelle
sembrava tempesta dentro il mio corpo

Un'estasi di sacri profumi
inebriavano le mie nari

I tuoi baci infuocavano...
le mie labbra

Le tue carezze sussultavano
le mie carni

Ed io come farfalla assopita
tramutata in tigre ...
nello sbranarti

# I sogni... sponde invisibili

## Vedo svanire i miei sogni

Nascosta fra querce dai tuoi occhi indiscreti
entro nella tua anima leggendo amarezze
del tuo cuore
dove vedo svanire i miei sogni

Lascia che scolpisca il tuo corpo per l'ultima volta
adagiando le mia mani che mai si fermano
lasciando le mie impronte sulla tua pelle

Allineando le tue labbra dolci e amate con le dita
per ricordarne la morbidezza

Scolpirò gli ultimi versi del mio amore
sul tuo cuore
donandoti l'aurora e le brezze mattutine
indicandoti la fonte del sentimento
perché tu possa leggerli nella mia assenza
quando non ricorderai più chi sono


## L'ombra di un amore

l'ombra di un amore
con brivido e tepore

Tra passi senza orme
fugace e presente

Rimane muto
senza suoni

Dove non osi
una rivelazione

E continui a seguirlo

senza far rumore

Dove rimane un sogno
fra sogni

Da frasi lette inconsciamente
che si intrecciano

Con i suoi colori,
e la sua magia

Fra le braccia
che si dibattono invano

In una nube
disfatta


## Nel posto che t'appartiene

Un'altra volta ti rivedo
nel tuo vagare
dove ti tendo le mani
riportandoti nel posto che t'appartiene

Per donarti un sorriso d'amore
finché ogni nota del nostro passato
diventi una dolce melodia del nostro presente
fra l'incenso di rose profumate

Di sogni colorati
aspettando un nuovo mattino
in un autunno fiorito
dove il sole bacia le nuvole

## Sogno

Un sogno, era solo un sogno!!!
ero entrata tanto nella parte
come se fosse realtà
l'uomo dei miei sogni
mi dava sicurezza,
mi proteggeva
un suo sorriso mi riscaldava
il cuore ogni sua frase era
come un canto degli angeli,
mi avvolgeva melodicamente,
ma era solo un sogno un dolce
banalissimo sogno!!!!
non fidatevi dei sogni
il sogno se ne approfitta
se ti vede disarmata!!!

## Sole

Fuori il giorno nasce piano
Attendo che spunti il sole
Il silenzio mi circonda
Un'aria fresca mi avvolge
Il mio sguardo diretto al cielo
Attendo impaziente che spunti
Intanto la mia mente fa un viaggio lontano
Giunge a te
Entro in punta di piedi
Ti guardo, mentre dormi
Ascolto il tuo respiro
Ti vorrei svegliare con una carezza
Con un dolce bacio
Sussurrandoti, dolce giorno è spuntato il sole

## Vortice

Per un istante
Con ciglia socchiuse
Mi faccio guidare da te
In un viaggio lontano
Fra fiumi e laghi
Avvolti dal vento
Che porta via veloce i nostri corpi
Ci travolge con passione
Come un vortice d'amore
Le nostre anime si uniscono
Per diventare una cosa sola


## L'intensità

Il mio ruscello
l'intensità delle acque
La voglia di bere
l'insana passione
Goccia a goccia
Dissetarsi l'uno con l'altro
Con dolcezza e melodia
Un raggio che attraversa
I nostri cuori
Riscaldando i nostri corpi
Dando risveglio alle nostre anime
Di tenerezze gentili
Trasportandoci fuori dal tempo
dallo spazio
Questo pianeta scintillante
Gli occhi lampeggiano d'amore
Scuotendo ansiosamente le nostre
anime
Di questo amore travolgente
Nel silenzio

Attendo la tua voce
Nell'oscurità delle mie notti insonni
Stringendo forte la tua ombra
Inseguendoti tra sogni
Illuminando l'anima mia
Di quella luce invisibile
Trascinandola nel mio cuore
Liberata dagli incubi notturni
Fra angoli oscuri
Dove tutto s'annulla
Nel mio silenzio


## Un'ora soltanto

Un'ora soltanto
quel tanto che basta
per sciogliere questo buio fitto
"Fammi entrare nei tuoi sogni"?
per raggiungere le tue immagini
tra le onde dei tuoi pensieri
aggirandomi nel tuo animo
mettendomi in contatto
con la tua anima
per aprirti il cuore
di qualche residuo d'amore
nel mio silenzio corporeo
soffocata dai dubbi
si affaccia
una realtà che sfuma
fra l'incertezza immersa
fra una grigia nebbia
inseguendo i tuoi sogni

## Io aspetterò

Sono qui
Fra le dita il mio volto
E il buio che tace
Tra l'oscurità della notte
Mentre la città dorme
Anche le stelle si sono dissolte
Mutati in pallidi volti
Affannati e stanchi
"Tu verrai in questa oscurità"?
Illuminando il cielo
Dando vita alle stelle
In questa notte umida e cieca
Che ricopre il mio silenzio
Io aspetterò
Fra un solitario respiro
Dell'anima mia


## Uragano

Sei un uragano
Sei capace di suscitare
emozioni
Anche nei miei sogni
Strappandomi sussulti
Fra l'entusiasmo travolgendomi
l'agitazione nel mio sonno
Viaggiando nelle mie vene
il tuo sangue
Fra un fuoco di sensazioni
Fra il profumo della tua pelle
Fra desideri d'emozioni
Mentre aspetto le tue mani
Nell'oscurità della notte
Fra i tuoi baci

Di un amore perfetto
Scrivendo il tuo nome
Sul mio cuore
Dimenticando tutto il resto
Annullando il tempo
Fra i mie sogni
Fra un tremolio di desiderio
Cercandoti ovunque tu sia
Anche nei miei sogni


# Dolce magia

La magia dell'amore
vestita in fiore
da ogni emozione
ci avvolge con dolcezza
ci incanta, ci spinge
alla passione,
dai gioiosi suoni
fra voli improvvisi
da ogni pensiero indipendente
sfiorando misteriosi abissi
indicando la fonte dell'amore
fra vulcani scoppiettanti
cercandosi ad ogni sguardo
labbra che si incontrano
da tiepidi calori
fra una intensità infinita
colmata dalla magia
di due corpi
abbandonandosi all'estasi
più totale

# Due rami fioriti

Sussurri nella notte
fra sentimenti
possenti
fra carezze d'onde
dove regalano momenti
indimenticabili
che raggiungono il cuore
dove calma la sete
donando nutrimento
alle nostre anime
dando vita
due rami fioriti
attaccati in un solo tronco
profumati e inumiditi
accarezzati da una lieve
brezza...
di gocce di rugiada

Nel mio sogno

Il corpo si contorce
il respiro si fa ansioso,

Mani morbide e sapienti
esplorano la mia pelle

Scorrono tra le gambe e sui seni
raggiungono i sentieri
da cui sgorga la passione dell'amore

Fra il sudore e il respiro
la mia mente si perde

La fonte, il fuoco, il miele si concentrano
agrodolce sulle alchimie dell'amore

## Amore sordo

Accarezzami nella notte…
amore sordo…
nei sogni improvvisi
tra insonnia e smanie.

Fammi sentire la tua anima…
odorosa…
sfiorar le mie nari
e il mio corpo tracciar

Ed io cercherò i tuoi sospiri
che accarezzano i miei fianchi
sinuosi nel volerti…


## Mi confondi la mente

Sei come un vento capriccioso
che m'imprigiona l'anima
e mi confondi la mente

Accendendo la mia passione
con un frenetico battito di cuore

Baciata da un tiepido calore
accarezzo le mie labbra…
vellutate

Ove lascio guidare la mia mano…
dalla fantasia…
in un'ardente profondità

Insaziabile di nuove conoscenze…
solo allora mi accorgo di essere sola

## Non chiamarmi ladra

Non chiamarmi ladra
se voglio rubare i tuoi sogni
illudendomi di entrare…
nella tua vita

Cercando tracce di te…
t'incontro spesso con la mente
e i tuoi passi sembrano così lontani
che si sperdono nella nebbia

Chissà se è condanna volerti…
in silenzio…
che mi copre… ma non riempie

Ove sorrido nel saper che esisti…
avvelenandomi il cuore perché non posso…
averti…

Mi racchiudo come riccio…
di castagna
senza maledire l'anima mia
che vuole solo amarti…


## Sogni di cristallo

Mentre ascoltavo il mio silenzio
cercando il modo per poter sognare
per liberare i miei desideri

Ho visto dalla mia finestra una rosa
accarezzata da un raggio di luna
fra un cielo che l'accompagnava

Ed io avevo una gran voglia di volare,

donare al mio cuore
le delizie di un amore profumato

E addolcire i miei sogni
con ali di cristallo
facendoli rispecchiare nei loro colori

## Sterminato cielo

Accorgendomi di te
mi accorsi di essere ancora viva.
un colore forse freddo e stanco
siamo piccoli giganti insieme

Il ricordo della tua presenza
è sempre una lusinga, un lungo indolore

Ho scoperto il tuo cuore stanco e freddo
ho rivissuto i momenti migliori

E il freddo non fu mai così lontano
da farmi credere che fossi tu

Lo scritto che in me è folle risponde
a tutto questo dolore con parole

Tu hai creato per noi questo silenzio
ardente strepitoso sterminato cielo

E gli astri gemelli sprofondati
con spade di luce
si tormentano.

## Un gigante vestito di bianco

Cavalcando il tempo
in cerca di una profonda pace
viaggio silenziosa

Vagando in cerca del mio "Re"
sognando un luogo…
dove potessi vedere il suo volto

M'incammino in un deserto
in cerca delle sue orme
per sussurrargli il mio nome sul suo cuore

Da un vento polveroso vedo la sua ombra
un gigante vestito di bianco
illumina il mio percorso

Portando con se un pezzo di sole
il mio sospiro s'innalza caldo
dentro il mio cuore profondo


## Gira lo sguardo

Gira lo sguardo verso me
e dolcemente soffia
quella nuvola che ci divide

Possa dar conforto
alla mia anima rauca,
di gridare amore

Cento giorni passeranno
lividi e tenui insieme
per lo spiraglio

E in quell'alba
rivivrò ciò che ho taciuto
per donarlo al mio amor


## Nessuna rosa

Quando le spighe si dorano
giunge il tempo del riposo
della riflessione
di concedersi follie d'amore

Un periodo nel quale
si è propensi
a ricevere amore
e dolcezze senza margini

Ma nonostante
ti abbia fatto entrare
nella mia vita e nel mio cuore
sottraendo il mio essere

Nessuna parola
che mi potesse
far capire
che ti manco

Nessuna rosa
mi è sbocciata fra le mani
nessuno dei tuoi sogni
ha accompagnato le mie notti

Eppure
sono sempre la stessa
ma tu…
dove sei?

## Per legarti a me

Siederò sulle tue ginocchia
quando ti sentirai solo
donandoti il mio respiro

Con sussurri di miele
addolcirò il tuo udito
nel silenzio

Per raggiungerti
guarderò nei tuoi occhi
regalandoti il mio vedere

Per legarti a me
offrirò i miei pensieri
illuminando

gli abissi cupi del nostro…
amore


## Nella penombra

La tua voce calda…
nella penombra
inebria come sibilo di vento

Dimmi se c'è una parte di cielo…
anche per me…
una luce di speranza

Io ti voglio più che mai
prima che tutto questo
diventa una vana illusione
lotterò

Affinché il tuo essere
si accorga che esisto
che il tuo cuore si accorga…
del mio amore

Basterà un tuo bisbiglio
a illuminarmi il cuore
un sussurro, una voce sommessa
a farmi fiorire di nuovo

Ed io protesa verso te
attenderò che la tua vita
entri nella mia
attraverso il nostro amore


## Avrei voluto baciarti

Dipingo quel momento…
nella mia mente

La tua vicinanza…
turbava il mio corpo

Ove i miei seni
si risvegliavano nel voler
il tuo tocco

Invitando le mie labbra
fra le tue…

Sfiorandole dolcemente
per sentirne la morbidezza

Dissetando la mia sete
con intensa vigoria

Mentre la luna sornione
ne era unica testimone

tra i profumi
di quel albero di alloro

## Suadenti carezze

Sulla riva del mare
regalo i miei pensieri…
al vento

Ove profumano ancora
d'amore
che mi lega ancora a te

Onde consolano…
la mia mestizia
da un gabbiano ospite e gentile

Mi guarda come se intuisse
il mio pensiero
volando via su di un clemente cielo

Potessi posarmi sulle sue ali
per giungere a te
malinconico pensiero

Addolcirti l'anima
con aliti di brezze
e suadenti carezze

Assaporarti dolcemente
smussando i contorni
del tuo cuore

# Raggiungimi

Convivo con il tuo silenzio
appoggiata
all'orlo del mio vivere

Mutando ogni rumore
dall'alto soffitto
dove riflette la mia ombra

Fra i denti stretti un grido
non urlato ma sussurrato
che assorbe la mia anima

Da tempo ti parlo d'amore
illuminando il cielo
con stelle sospese

Il tiepido tuo modo d'essere
non scuote più quest'anima
che brama amore

Ti vorrei vivo
sempre e comunque presente
con fantasie e sogni

Lasciati guidare dal cuore
apriti ed io ti colmerò
di dolci meraviglie

Raggiungimi e saprò
farti assaporare
il vero amore.

## Ti sussurrerò ti amo

Ti guarderò negli occhi…
quando ti sussurrerò ti amo

Ti terrò le mani
emanandoti il mio calore

Ove la notte ci ospiterà
accarezzante tenendoci uniti

E al nostro risveglio
osserveremo foglie tremanti

Abbracciate dal gelo
quietamente sui rami

Ed io alzerò lo sguardo
verso te…

Avvolta dal tuo odore

# I desideri... dolci visioni

## Fra le mie braccia

Sospiri d'amore
di sensi che sanno di miele

Ed io come un raggio di sole
mi adagio sul suo corpo

Sussurrando direttamente alla sua anima
emanandogli calore

Ed io lo aiuterò ad amare
donandogli tutte le meraviglie

Nei giardini degli "Dei"
di un amore che nasce

Affidandogli il mio corpo
di dolcezze a lui sconosciute

Ove lo reco in paradiso
tra le mie braccia


## Anche solo per una notte

La tua anima intona
una melodia di passione

Sono note di un richiamo d'amore
di immane bellezza

Traboccante di desiderio
senza vestiti in penombra

Nel silenzio cerco le tue mani
che scivolano sul mio corpo

Ed io voglio lasciarmi andare
anche solo per una notte

A un mio desiderio
che diventerà ricordo

Svegliandomi avvolta fra le tue braccia
baciata dall'aurora

## Manto di rugiada

La mia anima si apre
donandoti il suo mistero
l'acqua, il fuoco, il nettare

Ti citerà versi mai detti
tra i vicoli dell'amore
fra dolci e scorrevoli spasmi

Adagiandosi sulla tua fonte
coi tuoi sospiri accelerati
dissetandosi del tuo sapore

Il mattino ha sorpreso
le nostre anime…
avvolte dalla rugiada

## Oserei toccarti l'anima

Quando il cuore pulsa
nel sentirti
affretto il passo

Vivo, respiro
donando sorsi
alla mia sete di te

Vivere vorrei
nei tuoi sospiri

Oserei toccarti l'anima…
sotto pelle
per sentirne il calore
e unirlo al mio

Adagiare i miei seni…
sul tuo petto

Assaporando il piacere
del tuo corpo


## In un sublime sfiorarsi

Voglio fare l'amore…
con la mente.
quando non posso amarti
con il corpo

Goccia a goccia entro dentro di te
sussulta la voce dell'anima
ardente t'accoglie

I nostri corpi compromessi
in un sublime sfiorarsi
emozionante nell'udire
i sussurri mozzati…

I battiti del cuore
l'uno segue subito l'altro

come due cavalli al galoppo

Ed ogni loro vagare
è un venire a te

E la mia mente s'appaga


## Ti desidero, amami

Come saranno le tue mani sul mio corpo
come accarezzerai i miei seni

E le tue labbra .
che sentiero prenderanno

Dove si poseranno
regalandomi piacere

Dove la mia carne sussulta
e ti acclama

Fra le mie labbra che tremano
accarezzandoti la nuca

Ti desidero, amami,
avvolgimi con il tuo corpo

Rapisci i miei sensi
entra nella mia dimora

Ed io ti sommergerò
di sospiri vellutati
in totale abbandono

## Esiliato amore

Esiliato amore
il cuore mio si ribella
urla senza voce

Brama …esalta
come vampata ardente

Anela di entrare nelle tue ossa
vaporando le tue membra

Farti scoprire un nuovo mondo
donandoti anima e corpo

Avvolgendoti nello scialle
da profumo ove sgorga
la linfa

Un volo in due…
per atterrare insieme


## Piacevoli irrequietezze

Incenso profumato
che riflette in quest'acqua

Il suo vapore
trasuda dalla mia pelle

Le sue gocce segnano
il contorno dei miei seni

Proseguendo nella loro corsa
scivolano sul ventre

In quel silenzio prolungato
fatto di tenerezze

Piacevoli irrequietezze
mi confondono

Donandomi leggere
e sublimi emozioni

E tutto mi conduce
ad iniziare un magico volo

Sconvolgenti sensazioni
e tu ...dove sei

## Il linguaggio del pensiero

Muore la sera...
e ho ancora l'odore della sua pelle
vivo in me

In ogni parte del mio corpo lo cerco
e le mie mani come un fiume...
scorrono solitarie

Sfiorando le mie candide montagne
dove si sono adagiati le sue mani
e le sue labbra per dissetarsi

Supplico la mia mente...
di non fermarsi
e di continuare questo viaggio

Di ridarmi la vista...
voglio assaporare nuovamente
il suo corpo

Dove i miei occhi...
lo hanno accarezzato
e nella mia isola intima l'ho accolto

Il mio volo solitario continua
mi avvolge...
rapisce i miei sensi

Dandomi gemiti...
a labbra socchiuse
la mia anima gocciola

Dove abbraccia la sua
con il linguaggio del pensiero


# Tra le dune del mio corpo

Ti desidero...
senza poterti toccare

Ove siamo rivali...
io e la solitudine

Intravedo il mio corpo
riflesso alla finestra

Immaginano...
che mi stai guardando...

Assaporo il piacere...
del mio corpo

Per poter imprimere...
la tua immagine su di me

La mia mano come goccia
limpida nel deserto

Indugia tra le dune
del mio corpo

E il desiderarti
m'annebbia la mia mente

Quando sfioro la mia prigione
penso al tuo aggraziato capo

Imprigionandoti…
come un ladro che ruba il mio nettare

E il mio florido seno
si solleva al mio respiro
a labbra dischiuse.


## Nell'odorosa alcova

Voglio ramificarmi sul tuo corpo
nella tua dolcezza primitiva

Lasciami venire lungo la tua strada
ti porto in paradiso stanotte

Sto desiderando di perdermi in te
adagiandomi dove sgorga l'amore

Mi arrovello nel vortice del possesso
spingendoti oltre i confini della fantasia

Ti stordirò col profumo del mio corpo
lasciandoti indifeso fra quelle sete

Le mie valli…
toglieranno il tuo respiro

E come un'onda che sospinge nel mare
tu sprofonderai in me

E la mia voce…
nell'odorosa alcova aspetta solo te.


## Spio il mio desiderio

L'immagine di lui così perfetta
il mio tormento nel desiderio

Vaga nella mia mente
con il richiamo dei sensi

Sfiorando il mio intimo
appago la sete di lui
E la sua assenza sprigiona
fortemente la mia fantasia erotica

Mimetizzando le mie carni bianche
con le candide lenzuola

Che ondeggiavano
ad ogni mia carezza

E sentendo al tatto i turgidi capezzoli
accompagnati dal forte battito del mio cuore

Spio il mio desiderio riflesso nello specchio
Non sentendomi più sola

## Tra le tue dita

Sento ancora il tuo corpo
su di me

Il tuo calore
i tuoi sospiri dietro alla schiena

Ove affondavi le tue dita
insaziabile di nuove conoscenze

Sfioravi la mia gemma
alimentando la tua voglia

Leggiadro il suo profumo
che inebriava le tue nari

Sgorgando gocce di rugiada...
tra le tue dita


## In cerca di te

Ti sveglierei...
portando il mio sguardo.
sui tuoi occhi socchiusi

Baciandoti infinite volte
rubando il tuo respiro
per farlo mio

Donando ossigeno
alla mia anima inquieta...
in cerca di te

# Torrente d'amore

Le tue labbra svaniscono
in un istante infinito

I nostri sensi freschi
come acqua di sorgente

desideri dipinti
scorrono in teneri colori

Un torrente d'amore
tra le tue mani

si spande sulle lenzuola
come un delta

percorre sul mio corpo
frusciandolo di dolcezze

sospinta dalle onde dell'amore
fra le tue braccia tremanti

Ed io soffice... vibro al tuo tatto
ascoltando il tuo respiro
accarezzare il mio orecchio


# Due ombre nella notte

Nella stanza dove la passione brucia
lo faremo sotto una rosea luce
stringimi più forte
come due ombre nella notte

Lasciati semplicemente portare
fino a raggiungere l'universo

di una dolce frenesia
che penetra nelle vene

Dove scorrono le mie dita sinuose
che incidono la tua pelle
esaltandosi nel volerti nel mio cielo

Ove il mio sguardo si perde
nella gioia d'averti
al sol pensiero che esisti


## Dolce è la sensazione

Ti chiamo e la mia mente…
realizza la tua immagine
affido ad un pensiero
la voglia che ho di te
voglia di accarezzare
le tue labbra con le mie…
sfiorare i tuoi capelli
lasciare che le mani…
s'intreccino nervose fra le tue
e parlarti di me
quanto arrossisco nel pensarti
nella voglia di averti
di amarti con il corpo
e mille brividi percorrono la pelle
vaga il mio desiderio in cerca di te
dove l'anima vola con la mia immaginazione
germogliando di passione…
dolce è la sensazione…
di averti "posseduto"

## Un aquilone sospeso

Leggi la mia anima
dove vedrai il mare
il torrente e uno stagno

Ascolta le mie sensazioni
non lasciarmi sospesa
come un aquilone senza filo

Stringimi le mani, non lasciarmi
ridona il colore a un pallido sole
sgualcito dalle nuvole

Così che io possa iniziare a vedere
l'aurora riflessa da spighe dorate
accarezzata dalla brezza


## Come petali di un fiore

Come alito di vento
inseguendo il sole
dai raggi infuocati

Ti sussurrerò…
quello che nasce poi…

Un posto dove vive l'amore
come petali di un fiore

Sfiorerò le tue labbra mie amate
asciugandole del mio sapore

Senza assopire i nostri sogni
faremo l'amore

## Quando muore il giorno

Quando muore il giorno
e lentamente si avvicina sera
l'anima mia si ammala

Inquieta in questo letto
cerca nella memoria
il volto del suo amore

Ascolto la tua voce
sento il tuo desiderio
battere nella mente come un dolce richiamo

proseguo in questo viaggio
perché tu spenga i sensi
coscientemente… illusa di sentirti

e con un balzo copro le distanze
cadendo come un fiore su di te
dolce carezza… immagine rapita
e mi addormento


## Da quando mi donasti quella rosa

Da quando mi donasti quella rosa
l'ombra della tua dolcezza… invisibile
porta la mia mente a te

Accarezzando il mio desiderio
di averti nella tarda notte
da immagini vivide

Le tue mani avide sul mio corpo
e il tiepido calore delle tue labbra
caldo velluto sulla mia pelle

Sconvolti i sensi dell'anima mia
che chiede solo un attimo di pace
sussurrando il tuo nome


## Ti stavo aspettando

Ti stavo aspettando
quando bussasti alla mia porta
sentivo la brezza che accarezzava…
la mia pelle…

Lascia che ti mostri la strada
donandoti l'amore…
Che ho riservato per te

Prendi il mio corpo…
riscalda la mia anima
voglio solo volare,
finché la notte non finisce


## Erede dell'anima mia

Desidero ardentemente la tua anima
navigando sui mari ignoti dell'amore

Ti voglio, tu vuoi me

Lascia che il mio respiro prenda il controllo
perché quello che sento è così dolce

Vorrei guardarti negli occhi
per farti arrivare il messaggio…
più chiaro

E' ciò che desidero per te
erede dell'anima mia
ove hai preso il mio cuore

Seppelliscimi col tuo amore
prima che l'ultima scintilla…
di questo mio desiderio…
si spenga


## Fuori dai mie sogni

Un messaggio
quello che non ti ho mai detto
…sono triste

E avvinghio la mia anima
strisciandola fuori dai miei sogni
…paura del mio presente

Di sopravvivere nel freddo
dimenticando il tuo nome
vive in me


## Un raggio di sole

Dipingo la mia anima
ad indicare la direzione
di un raggio di sole

Trovando un senso alla mia vita…
fingendo che sia tutto vero

Incamminandomi per sentiero

dove trovare te
dimenticando da dove vieni

Per cercare oltre alla tua anima
la mia seconda vita...
attraverso un altro giorno

## Anche solo per pochi istanti

Abbasso le mie ali
abbraccio il silenzio
che avanza attraverso l'anima

Ne attendo una che mi aiuti
...a volare
del mio percorso difficile

Che fa sorgere il sole ogni dì
anche se solo per pochi istanti
per avanzare in un sottile...
tracciato dorato chiamato
amore

## Ricami di gelsomino

Guardo il cielo di primavera
chiudo gli occhi piano piano
nella sua freschezza...

I raggi del sole tracciano
ricami di gelsomino profumati
accarezzando le mie nari

La mia anima assopita

si risveglia sui rami verdi
odor di zagara

Nulla vi è di più bello
pensare a te...
abbracciata a tale bellezza


## Il tuo silenzio

Serrando le mie labbra...
con un sorriso amaro

Quando muore il giorno
attendo un tuo sussurro

Il tuo silenzio...
è come un vento gelido...

Piccole schegge di ghiaccio...
che trafiggono...
il mio cuore


## Dove aumenta la mia sete... di te

Sento la tua presenza...
in punta di piedi,
seguo il tuo silenzio

Abbracciando la tua essenza
che si disperde nel mio cuore
dove aumenta la mia sete... di te

Tu alimenti il mio desiderio
che la tua mano accarezzasse il mio corpo

dandomi gemiti a labbra socchiuse

Guidandoti verso il traguardo…
da raggiungere insieme,
il vortice della passione

Rubandoti ciò che mi appartiene
la tua anima
perché la ritengo mia


# Tu dolce… tormento

Non voglio fuggire…
da ciò che mi rende felice

Ove al mio risveglio…
intravedo sempre il sole
dirigendo il tuo sentimento

Di questo infame dolce tormento
ne ho bisogno…
che continua a crescere nella penombra

Ove possiede la mia anima
assopita docile percorre…
l'unica avventura
accendendo l'amore

Di nuovi turbamenti…
che mi fa sentir viva.
e la mia carne si nutre…

Di essenze dense
da pensieri e parole…
sei la mia poesia

## ...Ti aspetto

Quante volte vorrei sapere...
dove porta il tuo pensiero

Se prende il mio per mano...
in silenzio

Dove percorri nel mio corpo
ed io non ti sento...

Sento il caldo e il freddo
da piccoli abbracci d'ombra

E la mia anima alberga
nell'illusorio

Da desideri smisurati
intrecciando la mia carne

Scorre il tempo gelido e limitato
ed io ti aspetto...


## Dimmi...

Quanta strada
dovrò percorrere
per arrivare a te

Quanta saggezza
dovrò acquisire...
per capire il tuo mondo

Dimmi
come posso raggiungere
l'apice della torre

Dimmi come i raggi dell'aurora,
in un cielo clemente,
possano infondere luce nella tua.
interiorità

E niente possa oscurare
la tua vivacità...
nell'essere amato

## E penserò a te

Non ci sarà lusinga più grande
del vincolo fra te e me
per ciò che l'uomo saggio
offre al suo sapere

E penserò alla trascorsa notte,
notte dei sensi e dell'anima, e le stelle
col loro volo silenzioso
mi condurranno verso il giorno

E penserò anche a te
sentendo in me un caldo fuoco
un raggiante brivido
una musica di luci

E mentre i nostri cuori lontani
sono ancora imprigionati
dal tempo, crescerà
il dolce desiderio di te

## Ho sognato le tue labbra

Ho sognato le tue labbra
le ho sentite sulla pelle

Sfilavano sul mio corpo
giacevano sul mio seno

Mi sveglio.
con la voglia di te

Con pensieri sempre profondi
avvolti nella mia solitudine.
per non averti al mio fianco

Dove il mio amore irrequieto
ti reclama.
restando in un letto vuoto

Lascio il mio corpo
da mani invisibili
nella sua sorte
Con la sete di te


## Verso quel nulla

Leggeri fruscii
carezzano il candido fianco
seguendolo…
per poi perdersi lontano.

Questa notte
inghiotte il desiderio
di essere con lui
di essergli accanto
in quel tepore da sogno.

Avanzo timorosa
in questo spazio nero
dove il tempo perde
il suo effetto
e tutto appare velluto

Come compagna
ho questa brezza
che mi trascina
verso quel nulla
dove si celano le mie paure
e dove il cuore stenta ad assopirsi

## Amore lunatico

Potessi cancellarti...
per dimenticarmi di te
dove arrossisco per amore

E col tempo imparerò
a gustare ciò che mi rimane
con sentimenti diversi

E se un giorno avessi voglia
di spolverare i miei ricordi
senza rancore

Dando senso a questa realtà
che mi sorride.
ma non mi rende felice

La sento come una stonata melodia
dove manca la sua guida
e le note senza meta

Amore lunatico
voglio sentirmi dire tu sei mia
e scolpire queste parole

sul mio cuore...
per sempre

## Non chiedermi perché ti amo

Nei miei occhi trema una lacrima
non chiedermi perché ti amo
è stata passione nascosta, celata
nei tuoi confronti

Forse ci siamo amati...
in un'altra vita
e ci siamo rincontrati
per riscattare ciò che abbiamo lasciato

Mantenendo il cuore vigile
nell'aspettarti
ove una stella con luce vivida
illuminava il percorso
per portarti a me


Brividi d'amore
sei nel mio sangue
non c'è notte che non pensi...
a te

Svegliarmi al tuo fianco
coi primi raggi dell'aurora
che illuminano il tuo sonno
regalandoti il mio primo sorriso
sfiorandoti le labbra

## Sei la mia pazzia

Distanti messaggi
s'impossessano di me

Un tepore che s'insinua
come fuoco

Il cauto suono della tua voce
mi frena il verbo

Il piacere di sentirmi addosso
quelle carezze

Giochi coi miei sensi
nella notte

Portandomi lontano
dalla realtà

E semplicemente…
sei la mia pazzia
più grande.


## Farti mio

Ombreggiato amore
in me la tua impronta

Mi ecciti la mente
mi sconvolgi il cuore

Abbracci il mio essere
avvolgi la mia anima

Mi scardini la voglia

di averti adesso in me

Sentirti assaporarti
sempre interamente

Dolcemente riempirti
di gocce d'amore

Di soavi carezze
adornarti e poi spogliarti

Farti mio...
perdutamente


## Incantevoli carezze

Sei il mio primo pensiero
Nella brezza mattutina
sull'asfalto rivestito di foglie

Mi sento figlia della natura
dove non sei più il mio tormento
e di fragilità si ricopre

Nel sapere che esisti
tu sei come un fresco soffio
del mio nuovo giorno

Soave è la tua luce
dove la notte si smarrisce
sull'altalena di velati eventi

Lasci nel mio cuore
incantevoli carezze

# Inquietudine

l'idea di esser senza te
il mio giorno soffoca

Ove lo vedo nemico
gelido oscurando il sole

Disprezzo la notte
perché non mi da riposo

Sul soffitto…
la mia ombra si allunga

Raccoglie i miei sogni
silenti invisibili

Sottomessa al mio desiderio
nei miei solitari istanti

Ove il mio corpo risponde
in cerca di te…

Scivolando fino all'anima mia
inquieta…


# Lo coprirò con petali di rosa

Senza chiedere
dove sei

Dove sono
i tuoi pensieri

Dov'è la tua gioia
le tue emozioni

Il tuo cuore
è oppresso dal nulla

Lo coprirò
con petali di rose

Il tuo viso è spento
ai raggi del sole

E lo aprirò
alla porta dei sogni

Ma in qualsiasi
luogo andrai
ti toccherò l'anima

Sempre avrai
in te
il calore del mio amore


## S'incarna di desideri

Parlami di tenerezze
uccidi la mia solitudine

Urta la mia anima
ove s'incarna di desideri

Che geme annusando...
la tua carne

E gioca sulla soglia
del piacere

Affilando le unghie

sul tuo petto

Seguendo le note…
del tuo vibrare

S'accorgono di me…
perché io sto vivendo

# Il linguaggio del corpo

# I tuoi gesti

Delira il desiderio
dei tuoi gesti
sentire le tue mani
diffondersi sul mio corpo
dove trovano rifugio
d'un tremito improvviso
strozzato dal piacere
fra una quiete infinita
armata di desiderio
fra un richiamo costante
dei nostri corpi
ad ogni nuova volta
donandosi l'uno
con l'altro
dai nostri cuori
sonori
fra tremanti sussurri
come foglie
accarezzate
da una dolce brezza


# I tuoi occhi

I tuoi occhi il tuo sorriso
che mi distrae dal pensare

Chiudo gli occhi
ascolto la voce delle nostre emozioni
trattenendo i battiti del cuore

Fra le mie guance
adagiate sul tuo petto
dove frena il mio pensiero

Fra le mie unghia che sfiora il bordo
dei tuoi seni

Restando fuori della mente
mentre le mie braccia ti stringono

Di un senso di pace infinita
vibrante d'amore

Donando l'ultimo
movimento dei nostri corpi
più aggraziato

E ci cerchiamo da ogni parte
in ogni melodia
che scuote le nostre anime


## Baciarti

E' cosi bello baciarti
dal tuo mugghio sussurrato

Dai tuoi occhi lucidi
cercando di afferrare

Ogni immagine del mio corpo
esplorandolo con le tue mani

Ove si diffonde nel tuo corpo
uno sciame di desideri

Continuando a porre resistenza
per scoprire il ruolo di un amore completo

E piano sinuoso e delicato
da una dolcezza timida

Cerca il mio corpo sempre più avanti
lentamente e a tratti

Da silenzi commossi
ad occhi socchiusi


# In questa notte fredda

Fatti ricevere dolcemente
in questa notte fredda

Fra i miei capelli che ti accarezzano
dal mio corpo che ti regala le note dell'amore

Invocando il tuo nome sussurrato
nel mio sentirmi grande fra le tue braccia

Avvolta nel tuo stesso ramo
in questa notte d'autunno

Occhi negli occhi pieni di miele
fra la mia carne che sfiora la tua carne

E tu mi fai smarrire nel cosmo immenso
in quest'attimo di completo abbandono

Lasciandomi al tremulo respiro
nascondendo fra le braccia questa notte
che non svanisca mai fermando l'orologio del tempo

## L'ombra del suo sapore

Fra le mie labbra
rimane l'ombra del suo sapore

Lasciando il profumo
della sua pelle fra le lenzuola

Ed io mi aggiro su di loro
dove affiora un nuovo desiderio

Triplicando il mio pensiero
fra rossori timidi che mi pervadono il viso

Provando una strana ebbrezza
vertiginosa e improvvisa
dove fiorisce l'anima

A un ricordo non troppo lontano
lasciando nell'aria carezze e sinfonie
d'amore


## Fra le braccia del vento

Posa le tue mani su di me
come una carezzevole pioggia
di una nuova stagione autunnale
Accoglimi fra le tue braccia
come foglie che si adagiano sul suolo
con leggerezza e sicurezza
Accarezza la sfera dei miei sensi
fra un'ebrietà lucida
Donami l'inno della libertà
tra le braccia del vento
dalle sue folte chiome
Dove l'aurora torni a risplendere

di una luce limpida
fra la quiete dei nostri animi
Guidando le mie labbra
contro le tue
placando i nostri cuori


## Piccole vele all'orizzonte

Il linguaggio delle tue mani
nel loro illuminarsi

Danno una luce vivida
addolcendo il mio corpo

Esprimendo un'unica melodia
prolungandola in dolcezza

Legato ad un ritmo delle nostre anime
sospinte come piccole vele all'orizzonte
dando spazio al sentimento più vivo


## Le mani

Fatte di carezze

Come il sole riscaldano
come un vento scuotono

Donando fuoco
e una dolce brezza

Esaltano nel cercare
sempre di nuove conoscenze

Fino all'altezza della passione
con agevolezza

Insidiose da infiniti modi
di comunicare

Da sorgenti nascoste
cercano il piacere

Dove termina il viaggio
di una gioia compiuta


## Scivolo su di te

T'accarezzo con gli occhi
Scivolo su di te

Lasciandoti l'odore
della mia pelle

Quando non potrò amarti
nei giorni seguenti


## Desideri

Toccare la tua pelle
sfiorarla dolcemente
piccoli baci esplorano
il tuo corpo
dandogli fremiti di piacere
da ogni parte
le mie labbra ti cercano
dissetando la mia sete
fra brividi che pervadono

il corpo
fra i tuoi occhi
pieni di desiderio
e le tue mani
che cercano il mio corpo
un sorriso accattivante
affiora fra le mie labbra
come un dolce invito

## Magico amore

Torni e scompari
come per magia

Vieni sali con me
sulla nostra nuvola

Voglio adagiare
i miei seni sul tuo petto

baciare le tue labbra
giocare con il tuo corpo

Intrecciando le mie gambe
fra le tue

Le mie mani complici
delle mie labbra

Esplorano ogni dettaglio
del tuo corpo

Amore entra nel mio regno
ti farò principe
accarezzato dalla nuvola

## Sto con me

Voglio vivere fin nel profondo dell'anima mia

Quando le luci si spengono
si acutizzano i miei sensi

Quando i silenzi dei desideri giaceranno...
le mie mani percorreranno il mio corpo...

Come la brezza...
accarezza...
la foglia...

Lungo i bordi
sfiorando il proibito

Disegna i sensi di un sentimento
ove sbalza la mia anima

Spogliandosi da primitiva
donandosi alla fantasia

Con naturalezza chiudo gli occhi
e le mie dita nel loro adagiarsi
mi dispensano una passione fulgida e densa


## Calde insinuanti

Ti sfioro la guancia con le dita
e cerco la pace nei tuoi occhi
ove traccio la linea del tuo viso

Tutto ciò che voglio sei tu
sei sempre presente...
nel mio sognare

Pensando alle tue labbra
che accarezzano il mio corpo
calde e insinuanti

Trascinandole dolcemente
fino a raggiungere
il mio ventre

# Assaporando il nulla

Drappeggi attorno ai mie fianchi
ondeggiano come un grande fiume

Con sospiri mozzati
leggermente stringo le mie cosce
per assaporare meglio…
la forza di quell'invasione

Ove sfuggono sulle tue labbra
gemiti ritmati

Dolce sensazione
donandoti a me
nel caldo sonno
di questa magica notte

Risvegliandomi…
assaporando il nulla…
e non averti.

## Amore mio sussulta con me

Voglia di te... dei tuoi baci

voglia di sfiorarti la carne
coi miei polpastrelli,

con la punta della lingua...
deliziarti profondamente

liberando i punti più vivi
del tuo desiderio racchiuso

E lascio che le tue mani
poi scivolino avide

sulla mia pelle
fino a raggiungermi

il ventre... dolcemente
e fortemente,

facendomi sussultare
ad ogni tocco

Ecco... sono percorsa
da brividi,

che m'alterano i battiti
del cuore... Saziami

di piacere...
premi i tuoi fianchi:

voglio sentirmi tua.
Segui il mio ritmo,

amore mio...

sussulta con me...

Fai di questa danza
un godimento senza fine

Assaporiamo la gioia
di darci tanto amore

Rinfresca la mia gola
e la mia mente

come un torrente
d'acqua limpida

e fuoco incandescente
Stringiti a me

in un ritmo d'onda
sinuosa e pervadente

Abbandoniamoci
l'uno all'altra

coi nostri corpi
e le bocche

frementi come astri
scintillanti d'oro fuso

Grida, insieme a me...
ti amooo!

## Così ti vorrei

Luci soffuse...
profumi d'incenso

Solo veli orientali...
coprono i nostri corpi

Mentre le tue mani
accarezzano il profilo...
dei mie seni

Scivolando verso i fianchi
percorro amati sentieri
dolcemente desiderati

Ed io sfioro la tua pelle
impalpabili fremiti la scuotono
mentre mi avvicino col cuore in gola

I tuoni s'odono in lontananza
il temporale sta avanzando
giungendo fino a noi

Ci coglie l'una nell'altro
in un ellissi di piacere
dove la base esaudisce il desiderio più alto

Siamo fusi in un unico stelo
dove i nostri occhi si cercano
per ritrovarsi in un tenero bacio

I nostri corpi sudati esplodono...
in una interminabile e fragoroso lampo
che illumina questa penombra

Ti avvolgo con il mio corpo
e tu sei in me...
uniti e fusi in un'unica anima

# Mi sorprendi in cucina

Davanti a quei fornelli
sento il tuo calore
mentre mi sorprendi da dietro

Col mestolo giro
e i tuoi baci percorrono
tutta la mia schiena

Senza sapere senza capire
la voglia sale
le tue mani sono dappertutto

Il mio collo sotto scacco
reagisce
a quelle carezze da brivido

Mi adagi sul tavolo
sussurrandomi: che hai fame di me
e lentamente fai scivolare le mie cosce
verso te

La tua fantasia comincia
a impossessarsi del mio corpo
ti assecondo...

Perché so che il piacere
non tarderà ad arrivare
sai come fare, sai cosa mi piace

La tua lingua paziente
aspetta
ogni goccia per farla tua

Su e giù
raccogli tutto
il mio sapore.

Leggerissimi i movimenti
dei miei fianchi
i caldi respiri avanzano

Ti voglio dentro di me
voglio confondermi
tra gli aromi dell'amore


## Sfiori la mia voglia

Passeggiando per mano
nell'aria odore di muschio

Nel fresco alito della notte
rallento il passo

Osservo i lineamenti…
delle tue labbra

Li sfioro con le mie
mordicchiando dolcemente… il tuo labbro

Tutt'attorno è silenzio
e nel sentirci soli ti accosti a me

Una vecchia quercia
sostiene i nostri corpi

Tu mi attrai a te
ed io sfioro il tuo sesso

Compongo e scompongo
la mia voglia
nel sentirti così vicino

I tuoi baci sono su di me
e le tue dita fremono sul mio corpo

Sollevandomi la gonna
mi raggiungi...

E... in un istante
fermi l'universo

Nell'aria i nostri respiri
si fondono in un solo corpo

E il buio... s'illumina d'amore.


## Pigghia la mia carni a muzzicuna

Amuri chiù granni
curri, precipita

Comu ardu amuri miu
da to vucca 'nzuccarata

In tia regnu...
semu già ciatu a ciatu

Veni ca...
nellu pratu prufunnu

Fammi contorciri
supra u to imperio

Presta la forza toi
fammi l'amuri

Pigghia la mia carni
a muzzicuna d'ogni latu

Nu voghiu ristari…
ca vucca asciutta

Mentri iu ti vasu
respiru e pigghiu ciatu

## Questo è il paradiso

Il numero dell'amore faccio con te
mi attorciglio per ogni tuo tocco
sussulto nel sentire la tua voglia

Avvolgi con le tue guance
le mie cosce
Dove mi doni un dolce tormento

Trasportandomi ai confini…
della realtà
con la tua lingua smaniosa

Forsennato mi divori
e ti nutri del mio essere senza riserve
che più dolce del miele

La tua verga mi riempie
ed ecco che sento le urla dai tuoi reni
lasciandomi estasiata dal tuo venire

# Il tuo odore

Mi trascini
ti sento, ti stringo
i sospiri si fan veloci

Segui i movimenti
del mio ventre
e le tue mani si posano…
sui miei seni

Avverto un brivido
nei viali del mio corpo
risvegliando il piacere di esser donna

Cogli i miei cambiamenti
nel possedermi
e ti lascio fluire nelle mie labbra

Esplorando le sue vie
t'imploro di saccheggiare
quel suo calore

Ed io assorbirò…
fino all'ultima goccia
lasciandomi addosso…
il tuo odore


# Come il sole affoga nel tramonto

l'odore del legno che arde
diffonde un buon profumo di cedro
i nostri volti sono arrossati dal calore
illuminati dal suo chiarore

Come una gatta mi avvicino

ti faccio le fusa mi strofino
le mie dita percorrono il tuo corpo
e scendono sul petto

Lentamente mi allontano
per indurti a seguirmi
mi spoglio lentamente
usando gesti come carezze

I nostri sguardi s'inseguono
quella luce soffusa
illumina il mio corpo
al tuo piacere di maschio

Il timore scompare
quando le mie dita percorrono
il mio corpo…
sfiorando le pieghe della mia anima

Avvolgi i miei dolci movimenti
con il tuo desiderio
mentre mille brividi increspano…
la tua pelle

Sono io che ti prendo
io conduco il gioco
il mio piacere è quello
di prolungare il tuo piacere

Ti legherò con fili di seta
sul tuo corpo nudo e su tutto quello
che si erge da te spalmo… indiscreta
dolcissima e ancora dolcissima panna

Con il suo profumo e la mia voglia
diffondo sulla tua pelle il mio piacere
per farti abbandonare, in ogni tuo pensiero
alle mie labbra sensuali

La mia lingua percorre
in lungo e in largo sentieri
conosciuti e sconosciuti
facendoti, questa volta, vibrare

E affogherò sul tuo corpo
come il sole affoga nel tramonto
le mie cosce nude ti avvolgeranno
per donarti l'universo


## Sullevami l'anca

Comu n'amanti
sula fridda

Smaniu...
ca me vucca ri scirasa

E s'appiccica lu focu
carnali...

E fremi... e smania
chiù accanitu

Pinzannu la vuci sua...
ohimè, chi arduri

Voghiu ca t'appoi no me corpo
in ramu e ramu

Na li me carni duci e morbidi
trovi lu melugranu

Ci poi carricari...
forti muzzicuna

Sullevami l'anca
ciatu di lu me cori

Chiù non reggiu
votami lu cozzu

E curri unni lu stimulu
lu porta naturali


## Il mio dolce calore

Le mie "labbra"
vogliono risucchiare

Il tuo aggraziato corpo
ansimante di passione

E nel dolce mio calore
t'inghiotto ti assaporo

Portandoti lontano
nella mescolanza della passione

Trasportando la tua anima
nel vortice umido

Di quel paradiso
ove berrai stille di miele

# Fra le pieghe dell'amore

## Portami via

Voglio i profumi della primavera
accarezzata come un fiore prezioso
sentirmi protetta dal tuo calore corporeo
dove io possa scaldarmi

Portami via con la mente
voglio sentirmi viva
sentire il mio cuore battere
che affanna che respira

Mentre mi abbandono a te
fra le tue labbra umide
che tutelano il mio corpo
annullando il tempo


## Dopotutto è amore

Affidiamo le nostre lacrime
fra le gioie e il dolore

Fra la paura di perderci
Turbando i nostri cuori
cercandoci nei nostri sogni

Lottando per averli
seguendo il vento
e le nuvole

Dove si appropriano le insicurezze
delle nosre anime
fra pensieri e stanche note
di una melodia stonata

## Attendo il suo risveglio

Fra i suoi occhi silenziosi
con le mie labbra
sfioro le sue ciglia socchiuse

Mentre lui dorme
le mie dita che affondano
fra i suoi capelli

Fra un desiderio d'amore
che vola incapace di resistere
di questa dolce agonia

che mi investe
come un fiume in piena
nel guardarlo

Sensazioni carezzevoli
mentre lui giace
avvolto fra i suoi sogni

Ed io attenderò
senza turbare il suo sonno
per condurlo nel sentiero
dell'amore


## "Dea" dell'amore

Come "Dea" dell'amore
ti ho donato
la terra, il cielo e il mare

cullando la tua anima
fra il mio corpo docile
dandoti ebbrezza ai tuoi sensi

T'illuminavo la notte
fra un cuore vigile
allontanandoti dai pericoli
mentre il tuo affanno aumentava

Ed io come l'ape
ti donavo il miele
tenendo il tuo cuore acceso
dando luce al tuo animo

## Dolce risveglio

Mi svegli nel mio sonno
con baci e carezze
sulla mia pelle color pesco

Le tue labbra calde amate
le sento sul mio corpo

Il tuo cuore folle di desiderio
batte al contatto della mia pelle
ele tue mani esplorano il mio corpo

Le mie mani ti accarezzano
le mie labbra ti baciano
sfiorandoti dolcemente
fra i raggi del sole

che entra dalle serrande
illuminando i nostri corpi nudi
danzando l'uno con l'altro con dolci ritmi

è stato un bel risveglio

## Primavera

Fra le tue carezze
passeggia la primavera

"Fammi ancora giocare fra i campi"!
portami ancora nei tuoi occhi

Prendimi come un tenero stelo
di fiore

Fra gocce di rugiada
e miele

Dammi la tua anima
fa che entri nella mia

Trasportami in una sinfonia
senza fine
fra un eterno ritmo


## Il tuo regno

Continuo a volare
nel tuo regno

Danzando al tuo ritmo
sospinta da te

Mentre giaccio distesa
fra un cuore
che esalta
ed urla

Dove mi accogli
fra un regno fiorito

donandomi il miele
dell'ape

addolcendomi l'anima
fra una pioggia
di colori
e di profumi

Varcando un istante
infinito
colmato di piaceri

Adagiando le tue labbra
fra petto e ventre
fra soffici baci

Docili e piacenti
dove mi conduci
ad ogni tuo richiamo


# I piaceri dell'amore

Sospiro, assaporando
il piacere

Aspirando il profumo
del suo corpo

Facendo scorrere
le mie mani lievemente

Sostituendole con le labbra
donandogli un calore

Ascoltando ogni suo sussulto
da ogni sua sofferenza

I suoi occhi
erano piccoli fari

Il suo corpo docile
mi possedeva con dolci movimenti

Ed io mi sentivo
baciata da un tiepido calore


## Alito caldo

Il suo alito caldo
mentre abbraccio
con lo sguardo il suo viso

Osservando i lineamenti
cercando i bagliori
dei suoi occhi

Donandogli carezze
audaci e sensuali
lasciando le redini
alla fantasia

Facendo scorrere le mie dita
fra la sua nuca e reni
emanandogli calore

Fra sguardi fugaci e languidi
colmati di magia
alimentando i nostri corpi

Che si spande fra le lenzuola
fra sorrisi tremuli
abbandonarsi alla dolcezza

# Tepore orientale

Una stanza di veli orientali
un camino acceso

Il vento che risuona sui vetri,
ed io vicina al suo respiro
fra la sua calda voce

Ove affonda le sue mani
sulla mia pelle
fra fianchi e cosce

sfioravano i mie punti più sensibili
dove rapisce i miei sensi
di piccoli rapidi voli

Dai mille colori accecanti
fino a raggiungere il cuore
fra un tepore orientale

Animato di profumi
fra l'odore intenso
di legna arsa
da piccole schegge dorate


# Dolci sussurri che sanno di miele

Dolci sussurri
che sanno di miele
di due destini che si uniscono
senza far rumore
fra battiti di cuore

Che scuote la quiete
di due corpi nudi

fra una luce che appare
fra guance in fiamme

Tremanti come l'erba
fra un alito di vento
fra infiniti slanci
toccando il cielo
della lussuria

Dove si rivestono di baci
fra respiri interrotti
entrando nei profondi misteri
tastando molti punti dei loro corpi

dove offuscano i loro pensieri
fra sfumature della passione


## Ti ho sognato

Ti ho sognato
donandomi a te
per l'ultima volta

Candele accese
di luci colorate e profumate
e le tue mani sul mio corpo
fra i miei seni palpitanti

Fra sospiri tardi e lenti
tracciando il tuo corpo senza fermarmi
fremente di desiderio

Fra un vento attraverso i vetri
che ululava il nostro amore

Fra i tuoi occhi che fissavano i miei

sussultando di un amore raggiunto

Ed io mi sono interamente donata a te
consapevole che era un sogno


# Estasi autunnale

Braccia esauste
che guidano le mani alla fantasia

Che si toccano, si stringono
un'incontro di desideri

Percorrendo col tatto
un mansueto autunno

La dolcezza li vestono in foglie
adagiati l'uno con l'altro

Danzando in ogni movimento
come un vento che li scuote

Fra labbra tempestose
avvolgendo tutto ciò che li circonda

Arrivando ai limiti di un estasi
bagnati come gocce di rugiada

E come neve al sole
si sciolgono i loro affanni

Ove si fa sentire la voce dell'amore
pronunciandosi in sillabe sussurrate

## Gioco molto col pensiero

Gioco molto col pensiero
da quando ti conosco

Sussultando il mio corpo
che risveglia i sensi con la dolcezza

Volendoti amare con il corpo al tuo risveglio
con labbra tremanti sussurrando il tuo nome
sarò un angelo per te

Nutrendoti con baci sopraffatti di sospiri
sfiorandoti con le mani

Ove si soffermano dolcemente
come un serpente che avvolge l'albero
agitandosi dolcemente su di lui

Ad una magia che cinge la mia anima
odorosa d'amore


## Voglio sentirmi dire tu sei mia

Voglia di te, della tua voce
che è dolce melodia per la mia anima
voglia di mille baci

Voglia delle tue mani sul mio corpo
per impazzire con le tue carezze
voglia di darmi a te perdutamente
perché tu possa dire sì all'amore

E dolcemente prendo le tue mani
le poso sui miei seni
e le mie labbra cercano le tue

per respirare insieme

Esploro la tua schiena con le dita
voglio che tu gema alla follia
voglio sentirmi dire tu sei mia

Bevi dalla mia coppa
disseta la tua sete...
che questa notte non finisca mai

Muovi i tuoi fianchi
sul mio ventre... lentamente
fammi di sussulti e di lamenti,

Rallenta amore lasciati sentire
non voglio che finisca non adesso
ogni tuo mugolio ogni tuo brivido
lo voglio sentire sfiorarmi sulla pelle

Socchiudo gli occhi e lascio che il mio corpo
avvolga il tuo... perdendomi
in un labirinto di piacere...


# Nella brezza notturna

Voglio rubarti un po' d'amore
nella brezza notturna
per il mio cuore povero

Mi adagerò sul tuo corpo
sfiorerò la tua carne
entrandoti sotto pelle
portandoti verso il paradiso

Con lentezza sfiori le mie "labbra"
a-van-ti e in-die-tro

ove trattengo a stento il mio grido
da un piacere che sgorga dall'anima

I nostri respiri si accavallano
tremante a labbra socchiuse…
sorrido…

Ho arricchito il mio cuore
possedendo qualcosa di bello
dentro me


## Sfiorarti l'anima

Tutto ciò di cui ho bisogno
sono le tue mani…
sulla mia carne nuda

Sfiorarti l'anima
col profumo della notte,
e oscilla piano la dolcezza

Il mio corpo ti conduce
nel luogo più oscuro
lasciandosi amare.


## Si richiude all'imbrunire

Vorrei trovarmi sull'orlo…
del mare…

Col tuo capo chino…
adagiato sulle mie cosce
sfiorando il mio proibito

Gustare l'essenza celata...
in un mistero che avvolge..
il tuo respiro...

Donandomi la ninfa vitale
di un fiore che sta sbocciando,
si richiude all'imbrunire...

Desiderando il tuo nettare
come gocce di rugiada


## Una dolcezza rubata

Socchiudo le labbra
sfiorandole con la lingua
assaporando il frutto del peccato

Ne sento il sapore in bocca
dove sgorga la sua anima
che si appoggia nei miei sensi

I suoi occhi accennano...
a continuare...
una dolcezza rubata


## Fammi l'amore

Fammi l'amore...
adesso... in questo istante

Assaporami...
sconvolgimi l'anima

Bagnami le carni

mio prediletto

Parlami di tenerezze
con il tuo corpo

Ed io ti sconvolgerò
con le mie mani impure


## ...Finiscimi

Se tu leggessi la mia anima
non avrei bisogno di parole

Ti sussurrerà...
Stuzzicando il tuo udito,
filtrandosi nella mente

Stravolgendoti nel più profondo
dell'oceano...
avvolgendoti nell'onda dell'ardore...

Ove le mie labbra ancora bramose...
percorrono il tuo corpo sfiorandolo
assaporando la tua essenza...

Ed ogni tuo sospiro lo faccio mio...
tace la coscienza
in padronanza della passione

Lasciami l'ultimo gemito...
...finiscimi.

## Accogliendoti dentro di me...

Sono la tua regina
gelida nemica e amante

E tu, vento rabbioso di scirocco
persistente, ammaliante
tempesta dei miei sensi
bruci la mia carne...

Scompigli la mia anima
entrandomi nelle vene,
e mischiandoti al mio sangue
vi scorri all'interno

Adagiandomi nella tua dimora
con labbra tremanti
m'abbandono

Ed intreccio le mie cosce
e dal tuo fruscio...
sgorga la voglia di te

Muovendomi dolcemente
agitandomi su di te...

Guidandoti nel mio umido perverso stagno
incoronandoti... da principe
sarai... mio


## Fradicia d'amore

Ardenti sfiorano l'amore
l'avvolgono sul delicato
sepolto nel suo crescere
arde la fiamma

I miei sospiri socchiusi
affondano…
nel suo stelo docile e piacente
fuoriesce la dolcezza inquieta

Chiudo gli occhi e lascio…
fondere il suo aroma
sulle labbra mie.

Fradicia d'amore…
a gemere …a godere
la mia patria sei tu


## Ad occhi socchiusi

Magiche onde
si specchiano insolite
su veli color ambra

Adagiate
su lampade antiche
con soffusa luce

l'essenza profumata
sui nostri corpi
confonde i sogni

Il fascino ipnotizza
questo momento
di dolcezza infinita

Penetro
nei bui angoli del tuo corpo
per scoprirti piano

Nascondendo il rossore
del mio evidente
desiderio

Procuro brividi
al tuo corpo da re
senza limitarmi

Adoro sentire
il tuo desiderio salire
per poi salvarlo in me

In quella magia
attraverserai
le porte del paradiso

E nella quiete
abbandonato...
in un dolcissimo torpore

Ad occhi socchiusi
mentre ti bacio
saprai quanto ti amo.


# Sono il tuo miele

Mio grande insonne desiderio
sono il tuo miele

Accarezza il mio cuore
con dolcezza

Vieni facciamo l'amore...
ondeggia le tue spalle su di me

Coprimi il sentiero della perdizione

con il tuo essere

Sussurrami tenerezza
riempimi di ebbrezza

Le tue labbra
brocca della mia sete

E nella luce dei tuoi occhi
mi perderò


## Due anime all'unisono

M'insinuo con lo sguardo
tra le pieghe della tua anima

Mi piace sentirti ansimare
rubandoti il respiro

Ti porgi verso me
m'attraversi nascondendo… il tuo essere

Nel sentirti vibrare
nell'essenza dello spazio

Docile ti muovi
cercando in me il mio sapore

E dall'alto adagiata su di te
diventiamo un'anima sola

Giungendo all'unisono
alla sommità del piacere

Lasciandoti il percorso
della mia esistenza

## Ti coprirò di zucchero e miele

Ti coprirò di zucchero e miele
appoggerò le mie labbra…
per addolcirle

Sfiorerò con le dita…
lentamente la linea
dei tuoi fianchi

Sarai il mio gioco proibito
l'affanno della mia passione
finché il mio cuore ce la fa


## Inondi la mia anima

Su me ti inclini
sfiori i miei fianchi
alterni il ritmo
ti vesti della mia carne
inondi la mia anima
dove raccogli il mio…
ultimo gemito


## Tra le tue spire

Il serpente
con i suoi occhi fissi
si crogiola ai caldi raggi

Di questo sole innaturale
ben conoscendo la sua forza
volge le sue mire su di me.

Quel bollente sguardo
m'intriga affascinandomi
e l'adulazione del calore
che mi trasmette

Lo invito a mostrarsi meglio
e con quella sua sinuosità
che contraddistingue
l'esser infimo

Mi avvolge tra le sue spire
striscia caldo sulla mia pelle
l'assapora come se dovesse
divorarmi.

Come chiome mosse
da un afoso vento
sento vibrare il mio corpo
lo sento divorarmi l'anima.

S'insinua furtivo
assapora…
quei luoghi che esaltano
la mia femminilità

Quelle ardite carezze
desiderose di appagarmi
mi fanno contorcere
e attirandolo di più

Il suo movimento imprime
ai miei sensi un piacere così sublime
che la sua essenza si trasferisce in me
passando dal suo corpo al mio
velocemente come uno spasmo

## Il mio piacere

Voglio bendarti…
quando faccio l'amore
per entrare dentro alla tua carne

E m'inchinerò a te
con ghirlande di fiori
e spine

Sarò saggia e superba
mentre percorrerò…
la tua anima

Con spine graffierò
il tuo corpo
dove leccherò le tue ferite

Le mie labbra…
martorieranno i tuoi sensi
all'abbandono

E le mie dita scivoleranno
sulla mia riva tormentata dal piacere
lasciandomi inerme


## Torturerò la tua anima

Ti imprigionerò con fili di seta
diventando la tua padrona

Senza toccar labbra
ti farò penare l'amore

Con le mie mani impure
graffierò il tuo corpo

Con cubetti di ghiaccio
fra le mie labbra

Torturerò la tua anima
per rubarti il respiro

Legherò i tuoi capezzoli
con catene dorate

Per farti provare
le stranezze del piacere

Bacerai i miei piedi
adorandomi

Ed io sacrificherò per te
la mia libido

Usando il mio corpo
come un cocktail esotico

E con una ciliegia nascosta
nella piega dell'anima

Riuscirò a soddisfare
la tua voglia di mordere

Il mio frutto sensuale


# Un dolce movimento

Sfiori la mia mano
con un dolce movimento
la guidi verso te

Il tuo grande desiderio…
di essere sfiorato
dalla tua libidine

Come una scultrice
sfioro la sua forma…
delicatamente

Quei piccoli movimenti…
ti conduco in estasi
i tuoi sensi come piccoli fari

Alimentano il tuo corpo
e la tua fame aumenta
in cerca della mia anima

Per vibrare insieme
ove sgorga…
l'ultima scintilla di fuoco


# Prima di dormire

Vorrei stringerti forte
prima di dormire

Dirti con gesti d'affetto
quello che a voce non riesco

Sussurralo direttamente al tuo cuore
con una lacrima che solca la mia guancia

Senza remore ne orgoglio
Vorrei donarti un mondo di dolcezze

Verso un giorno
che deve ancora venire

## Così ti vorrei

Parlo al vento ma le mie parole…
vengono portate via

Tutto potrebbe essere più semplice
ascoltando i battiti del mio cuore

Ogni volta che vedo il tuo viso
vorrei afferrarti da lontano

Desiderosa delle tue mani
con una passione mai vista

Donandomi il fuoco e la dolcezza
facendo vibrare tutto il mio essere

Ascoltare il tuo respiro
avvolta fra le tue braccia

E guardarmi nel riflesso
dei tuoi occhi


## Odorosa d'amore

Sfiorare la tua nuda carne
con i fianchi mi ammalia

Ed io odorosa d'amore ti ricevo
adagiando il mio cuore sul tuo cuore
da mani e piedi che si sfiorano

Danzando in un'armonia perfetta
fra gemiti e sospiri…
palpiti e tremori…

Mi sento padrona del tuo corpo
imprigionando la tua anima
avvolgendola in un calore umido

## Un'immagine di te

Ho solo un'immagine di te
dove ti mostri…
donandomi una striscia …di arcobaleno

Tremo pensando il tuo tocco…
sul mio corpo
dai tuoi baci… che nutrono le mie labbra

Prenderei il comando della tua anima
morire fra le tue braccia
da una notte piena d'amore…
perdendomi nel tuo universo

Non riesco a farti andar via nella mia mente
dal giorno che ho conosciuto...
il tuo sorriso

## Dove sei

Tu che sei entrato dentro
nel mio cuore…

Amore disarmante.
che hai fatto risvegliare
la mia anima assopita

Acclamante nel cercarti
aspettando distesa…

la brocca delle tue labbra

E come la tua musa
sento un fiume in piena
entrare nei meandri…
del mio …io


## Sei mio…

Una notte ti porterò via
con baci che non conosci

Sarò la tua brezza
la tua ladra dei sensi
che accarezza la tua anima

ti lascerò il profumo della mia carne
fino a quando nasce il giorno


## Sfogliando l'anima mia

Amata sensazione
che sboccia in un vivido grido

Ove attendo l'alba senza far rumore
da un sole che s'intravede
trasportandomi con le ali alla fantasia

Esserti accanto al tuo risveglio…
accarezzandoti con le mie dita sinuose

Che incidono la tua pelle
esaltandosi nel volerti nel mio cielo

Baciandoti infinite volte
sfiorandoti le labbra…
ove racchiudono il mio sapore

Di dolce frenesia che penetra nelle vene
dal mio pensiero ch'esisti

Parlandoti dei miei sogni
sfogliando lentamente la mia anima
fatta di fragranze di rose
e di tremuli petali

Che si apre e si racchiude a battiti d'ali
per cogliere la tua ed amarla


## Caleidoscopio dell'anima

Avremo un arcobaleno
che si specchia…
in un limpido ruscello

E le nostre anime
riflessi nei colori più belli
volteggiando assieme

Dai raggi di un sole
che dona calore…
ove sgorga il nostro sangue

Così dolce scende
e unisce le nostre carni

## Ely contro Ely

Custodisco un amore
ed ogni volta sospiro…
nella sua assenza…

Ove scrivo lettere indelebili…
ritagliando piccoli immagini
incastonati nel mio cuore

Come angelo amo la sua anima
come demone desidero il suo corpo
giocando con emozioni più forti…

Entra nei mie sogni
bisbiglia nella notte
ed io stringo la sua ombra


## Mani tese

Avrei voluto rubarti l'anima
quel giorno
per un istante infinito

Ed ogni soffio di vento
affannoso nell'azzurro
farlo mio

Dichiarandomi
con voce soffocata
con mani tese

Scivolandoti nel respiro
strappare nella mente
le tue insicurezze

Scompigliarti il cuore
alloggiandomi in esso

e impregnarmi di te...
fermando il tempo

Oggi ho capito... non posso
seppellirmi di sogni
illudendomi ancora

Aspettando un tuo sussurro
che m'accarezzi lieve...

e solo adesso m'accorgo
di essere sola

Ritorno alla realtà
non mi resta altro,

in fondo,
che incontrare il futuro


# Luci ed ombre nel tramonto

Mi avvolgi con la tua voce
amore mio

Solo tu mi fai gioire
come un fuggente bacio
sulle mie labbra

Sei come un tramonto,
con il suo rosso bagliore
seduce la terra

Donandomi brividi

ai tremoli pensieri
ramificanti nel mio cuore

E la mia anima sepolta
nella solitudine...
si rasserena nel saper
che esisti...


## Emozioni

Improvvise silenziose
leggere inaspettate
desiderate

Questo è quello che
attendo da te
sempre in ogni istante
della mia giornata.

Sai donarmi
meravigliose sensazioni d'amore
quando la tua voce
entra nel mio cuore

E attraverso la tua anima
mi illumini il giorno
cibandomi di quei pochi attimi
conscia che tu sei lontano

Il mio amore
per te
cresce ogni istante
di più.

E ogni soffio di vento
che ti accarezza

sarà come un mio dolcissimo
bacio.

E...
se ci sarà un futuro
lo vorrei solo
con te.


# Non avrai mai la certezza...

Di quanto ti amo

Se non appoggi il tuo orecchio
sul mio petto

Ove il mio cuore...
ti farà sussultare dai suoi battiti

Non avrai mai la certezza
di quanto io ti pensi

Se non siederai accanto a me
sfiorando le mie mani

Entrando nel mio pensiero
attraverso i miei occhi

Non avrai mai la certezza
di quanto ti desidero

Se le tue mani
non sfioreranno il mio corpo

Avvolti in correnti caldi
sentirne il sapore

Ricevendo l'invito
ove io sono la tua terra

Che attende il seme…
per germogliare

## Destino beffardo

Il profumo dei cedri
accarezzava la mia pelle.

Il brusio di quel dialetto
con i cari volti arsi
da quel sole africano
mi dava gioia.

Ma nel mio cuore la vera gioia,
il mio vero amore era lontano.

La sera ero triste
perché lui non c'era
perché lui non mi aveva accanto
e tutto diventava stonato.

Fantasticavo che poteva diventare
il primo e l'ultimo amore della mia vita.

Con lui mi sentivo amata
mi faceva essere completa
e questo nostro grande amore
sarebbe potuto crescere.

Diventando in quel futuro
il premio della nostra vecchiaia.

Ma…

quando tornai da lui
la mia gioia si frantumò
davanti a quella pietra.

Il suo cuore
aveva cessato di amare
e tra noi quel futuro
rimarrà solo nel mio cuore


## Verso quel mondo d'amore

Nel frusciar delle ombre
tra le lenzuola vuote
il pensiero s'allontana

Ove violento la mia anima
nel pensarti…
con sospiri lievi

Verso quel mondo d'amore
da un desiderio che tanto anela
nelle luci soffuse e confuse

Di questa alba prematura
seducente e selvaggia
tutto torna di ghiaccio

Penso i baci che mi mandi
li sento sfiorar le labbra
come dolce promessa racchiusa

in un magico scrigno

## Il profumo delle magnolie

Ti prenderò per mano
anche se tu non lo vorrai
e ti condurrò alla serenità
con passi leggeri.

Socchiudendo la porta al male
scioglieremo il ghiaccio e la neve
dove coglieremo magnolie fiorite
coltivate col nostro amore.

E il chiarore della luna
messaggera della notte
conserverà per noi
la dolce pace fra i timidi bagliori.

Ed insieme chiuderemo
per sempre quella porta
ed arricchiremo così il nostro cammino
con semi che diverranno germogli.


## In volo verso un miraggio

A ciglia socchiuse
nella penombra
sospiro

Voglio le mie ali
con la brezza che mi accarezza il collo
volando sopra il mare

Aspettando la luce del giorno
sulla soglia della tua porta
incrociando i tuoi occhi

Donandoti i miei sogni
come pegno di fede
pari alla lucentezza del mio cuore

Col fruscio delle foglie secche
ti prenderò per mano
Ascoltando una dolce nota di liuto

Annunciando la tua anima
che è entrata nella mia
intrecciate come ghirlande


## Tu... il mio presente

Celati pensieri
invadono la mia anima
d'impetuosi quanto bellissimi

desideri che travolgono questa mia vita
lasciata per troppo tempo
sotto cumuli di polvere.

I raggi di questo sole oggi
mi offrono più calore
forse la mia pelle

sta cambiando
forse sono io
che sto cambiando.

Tutto quello che prima
avvolgeva il mio presente
passando con indifferenza

oggi, riesco a sentirne
i profumi, i rumori, i colori

tutto è come rinato

e quel desiderio, quel sogno
comincia poco a poco
a diventare realtà.

Ancora una volta un tramonto
mi sconvolge
il sorriso di un fanciullo mi esalta

riesco addirittura
a far scivolare lacrime
di gioia sulle mie gote stanche.

Quella gioia mi riempie
riesco a sentire l'ansia
di raggiungerlo di sentirlo
anche per un solo istante.

Il mio cuore si riempie d'amore
e quel mio sorriso è tornato
sulle labbra che hanno
pronunciato... ti amo.


## Ho ancora sete di te

l'odore di te
e della tua carne
vive ancora su di me

Le tue mani...
vogliose e sapienti
le sento sul mio corpo

Il mio cuore...
gonfio d'amore

era tutt'uno col tuo

I tuoi sussurri…
sensuali ed eccitanti
dominavano la mia anima

I tuoi sospiri aleggiavano su di me
e il mio sangue
vorticava nelle vene

Un senso di appartenenza reciproca
si spandeva sulle lenzuola
con movimenti consueti

I tuoi spasmi…
insieme con i miei
ci portavano lontano

Ed io mi ritrovo
ad avere ancora sete di te


# Dolcemente… te

Dolcemente con labbra schiuse
il tuo sguardo mi da respiro

Dove non giace più…
la solitudine della notte

Sulle mie spalle di velluto
risento ancora i brividi

Spingendomi ad amarti
ho profanato la tua vita

Sommergendola di carezze

e immense passioni

Come può il fiore vivere senza acqua
e la terra senza sole

Nulla ci può essere
senza te


## Un grido di richiamo

Ho rubato l'aria del vento
per arrivare fino a te
ombra d'amore

Come lupa ero affamata di te
sopra i campi imbruniti...
m'incamminavo

Per concedere qualche sollievo...
cercavo di annusare il tuo arrivo
per attutire il mio tormento

E nelle notti di luna piena
ammaliavo la mia vista
dirigendo i passi miei

Con un grido di richiamo
spingendomi oltre quella siepe
una pellegrina stella

traccia il mio percorso
trovando l'ultima ombra notturna

la tua

## Nella nostra vecchiaia

Una corsa nel tempo…
per giungere a te

Vedermi con te…
nella vecchiaia

Ed ogni ruga che apparirà
sul nostro viso

Sarà un anno in più
passato assieme

Dove i nostri passi…
saranno lenti

E le nostre anime
per mano si prenderanno


## Alla porta della tua anima

Hai cancellato l'ombra…
degli spettri

Dove nel mio cuore…
scivolava il dolore

A contemplare la mia
sventura

Da un anima
rivestita di amarezze

In una città nemica
che mi crocifiggeva

Dai miei sogni ammuffiti
e l'odore bruciava le mie nari

Offuscando il mio presente
in un labirinto senza uscita

Ma da lontano mi giunse...
la tua voce

Aiutandomi nel percorso
per arrivare alla porta della tua anima

E la mia lingua trema...
nel chiamare il tuo nome


## In ogni solitario istante

In ogni solitario istante
verrò a baciarti l'anima

Come foglia secca
mi accartoccerò sul tuo corpo

Come un vento che la scuote
danzerò ad ogni movimento

Come terra nuda
sarò senza veli e senza età

Nell'aria gelida saprò
consolare e scaldare il tuo cuore

E quando la neve ti ricoprirà
ti proteggerà un focolare
il mio amore

# E' meraviglioso pensarti

E' meraviglioso pensarti
amore mio

Quando il mare abbraccia
gli scogli

Gustare la salsedine
che sfiora le mie labbra

La brezza...
che accarezza i miei capelli

Modella le vesti nel mio corpo
in questo giorno di aria marina

Rapida la voglia di te
che mi assale

Ove in te ho conosciuto
il vero senso della vita

Fra le tue labbra
ho riscoperto il sapore dell'amore

Sapere che non sono sola
che quel vuoto l'ho colmato con te


# Ti imprigionerò

Mi sdraierò sul tuo corpo
rabbiosa impaziente...
ti avvolgerò

Ti imprigionerò

come la luna che non si stacca...
dalla terra

Invocherò il tuo nome
quando assaporo il tuo corpo
che esorcizza la mia anima

Legato nei miei sospiri
entri nel deserto
dove ti ci perdi dentro

Bloccando ogni mio movimento

# Indice

# Indice

## I pensieri dell'anima

|  | pag. |
|---|---|
| Fino a dove si perde lo sguardo | 7 |
| Tra la notte e l'alba | 7 |
| Anima incosciente | 8 |
| Una nuova aurora | 8 |
| L'anima mia | 9 |
| Non pensando al domani | 10 |
| E tu sei l'acqua | 10 |
| Il valore dell'amore | 11 |
| Petali di sogni | 12 |
| Anch'io ho amato | 12 |
| La mia anima | 13 |
| I tuoi pensieri | 13 |
| Il tuo cuore | 14 |
| Il mio pensiero | 15 |
| Sono ancora qui | 15 |
| Contemplando il mare | 16 |
| Un sole che gioisce | 16 |
| Verso l'universo | 17 |
| Sospiro per te | 18 |
| Tra la sabbia dorata | 18 |
| Accarezzata da gocce di rugiada | 19 |
| Perché ho bisogno di te | 19 |
| I colori più belli | 20 |
| Senza far rumore | 21 |
| Stai qui con me | 22 |
| Attimi | 22 |
| Rossi sorrisi | 23 |
| Ladra d'amore | 23 |
| Il blu | 24 |
| Guarda i miei occhi | 25 |
| Ti ho cercato | 25 |
| Vorrei | 26 |
| L'amore | 27 |
| Dimmi... | 27 |
| Tu non cercarmi | 28 |
| Timidi sguardi | 28 |
| Svuotando l'anima... in silenzio | 29 |
| Ti prenderò per mano | 30 |
| Possiamo volare se lo vuoi | 30 |
| L'addio | 31 |
| Io sola nell'universo | 31 |
| Come nuvole compatte | 32 |

|  | pag. |
|---|---|
| La tua presenza | 33 |
| Come foglie morte | 33 |
| Alla cima del tuo cuore | 34 |
| Labirinto chiamato amore | 35 |
| Il vento natalizio | 36 |
| Tu... il sole che mi penetra | 37 |
| Sacri profumi | 37 |

## I sogni... sponde invisibili

| Vedo svanire i miei sogni | 41 |
|---|---|
| L'ombra di un amore | 41 |
| Nel posto che t'appartiene | 42 |
| Sogno | 43 |
| Sole | 43 |
| Vortice | 44 |
| L'intensità | 44 |
| Un'ora soltanto | 45 |
| Io aspetterò | 46 |
| Uragano | 46 |
| Dolce magia | 47 |
| Due rami fioriti | 48 |
| Amore sordo | 49 |
| Mi confondi la mente | 49 |
| Non chiamarmi ladra | 50 |
| Sogni di cristallo | 50 |
| Sterminato cielo | 51 |
| Un gigante vestito di bianco | 52 |
| Gira lo sguardo | 52 |
| Nessuna rosa | 53 |
| Per legarti a me | 54 |
| Nella penombra | 54 |
| Avrei voluto baciarti | 55 |
| Suadenti carezze | 56 |
| Raggiungimi | 57 |
| Ti sussurrerò ti amo | 58 |

## I desideri... dolci visioni

| Fra le mie braccia | 61 |
|---|---|
| Anche solo per una notte | 61 |
| Manto di rugiada | 62 |
| Oserei toccarti l'anima | 62 |
| In un sublime sfiorarsi | 63 |
| Ti desidero, amami | 64 |

| | pag. | | pag. |
|---|---|---|---|
| Esiliato amore | 65 | L'ombra del suo sapore | 96 |
| Piacevoli irrequietezze | 65 | Fra le braccia del vento | 96 |
| Il linguaggio del pensiero | 66 | Piccole vele all'orizzonte | 97 |
| Tra le dune del mio corpo | 67 | Le mani | 97 |
| Nell'odorosa alcova | 68 | Scivolo su di te | 98 |
| Spio il mio desiderio | 69 | Desideri | 98 |
| Tra le tue dita | 70 | Magico amore | 99 |
| In cerca di te | 70 | Sto con me | 100 |
| Torrente d'amore | 71 | Calde insinuanti | 100 |
| Due ombre nella notte | 71 | Assaporando il nulla | 101 |
| Dolce è la sensazione | 72 | Amore mio sussulta con me | 102 |
| Un aquilone sospeso | 73 | Così ti vorrei | 104 |
| Come petali di un fiore | 73 | Mi sorprendi in cucina | 105 |
| Quando muore il giorno | 74 | Sfiori la mia voglia | 106 |
| Da quando mi donasti quella rosa | 74 | Pigghia la mia carni a muzzicuna | 107 |
| Ti stavo aspettando | 75 | Questo è il paradiso | 108 |
| Erede dell'anima mia | 75 | Il tuo odore | 109 |
| Fuori dai mie sogni | 76 | Come il sole affoga nel tramonto | 109 |
| Un raggio di sole | 76 | Sullevami l'anca | 111 |
| Anche solo per pochi istanti | 77 | Il mio dolce calore | 112 |
| Ricami di gelsomino | 77 | | |
| Il tuo silenzio | 78 | **Fra le pieghe dell'amore** | |
| Dove aumenta la mia sete... di te | 78 | | |
| Tu dolce... tormento | 79 | Portami via | 115 |
| ...Ti aspetto | 80 | Dopotutto è amore | 115 |
| Dimmi... | 80 | Attendo il suo risveglio | 116 |
| E penserò a te | 81 | "Dea" dell'amore | 116 |
| Ho sognato le tue labbra | 82 | Dolce risveglio | 117 |
| Verso quel nulla | 82 | Primavera | 118 |
| Amore lunatico | 83 | Il tuo regno | 118 |
| Non chiedermi perché ti amo | 84 | I piaceri dell'amore | 119 |
| Sei la mia pazzia | 85 | Alito caldo | 120 |
| Farti mio | 85 | Tepore orientale | 121 |
| Incantevoli carezze | 86 | Dolci sussurri che sanno di miele | 121 |
| Inquietudine | 87 | Ti ho sognato | 122 |
| Lo coprirò con petali di rosa | 87 | Estasi autunnale | 123 |
| S'incarna di desideri | 88 | Gioco molto col pensiero | 124 |
| | | Voglio sentirmi dire tu sei mia | 124 |
| **Il linguaggio del corpo** | | Nella brezza notturna | 125 |
| | | Sfiorarti l'anima | 126 |
| I tuoi gesti | 93 | Si richiude all'imbrunire | 126 |
| I tuoi occhi | 93 | Una dolcezza rubata | 127 |
| Baciarti | 94 | Fammi l'amore | 127 |
| In questa notte fredda | 95 | ...Finiscimi | 128 |

*Indice*

|  | pag. |  | pag. |
|---|---|---|---|
| *Accogliendoti dentro di me…* | *129* | *Ely contro Ely* | *142* |
| *Fradicia d'amore* | *129* | *Mani tese* | *142* |
| *Ad occhi socchiusi* | *130* | *Luci ed ombre nel tramonto* | *143* |
| *Sono il tuo miele* | *131* | *Emozioni* | *144* |
| *Due anime all'unisono* | *132* | *Non avrai mai la certezza…* | *145* |
| *Ti coprirò di zucchero e miele* | *133* | *Destino beffardo* | *146* |
| *Inondi la mia anima* | *133* | *Verso quel mondo d'amore* | *147* |
| *Tra le tue spire* | *133* | *Il profumo delle magnolie* | *148* |
| *Il mio piacere* | *135* | *In volo verso un miraggio* | *148* |
| *Torturerò la tua anima* | *135* | *Tu… il mio presente* | *149* |
| *Un dolce movimento* | *136* | *Ho ancora sete di te* | *150* |
| *Prima di dormire* | *137* | *Dolcemente… te* | *151* |
| *Così ti vorrei* | *138* | *Un grido di richiamo* | *152* |
| *Odorosa d'amore* | *138* | *Nella nostra vecchiaia* | *153* |
| *Un'immagine di te* | *139* | *Alla porta della tua anima* | *153* |
| *Dove sei* | *139* | *In ogni solitario istante* | *154* |
| *Sei mio…* | *140* | *E' meraviglioso pensarti* | *155* |
| *Sfogliando l'anima mia* | *140* | *Ti imprigionerò* | *155* |
| *Caleidoscopio dell'anima* | *141* | | |

www.ingramcontent.com/pod-product-compliance
Lightning Source LLC
LaVergne TN
LVHW011353080426
835511LV00005B/273